U0009961

\漫　畫/

群眾心理

The Crowd: A Study of the Popular Mind

原著．古斯塔夫．勒龐
翻譯．王淑儀

為何進入群體後
人們的智商就大幅降低？

心理」?

1895 年由勒龐所著，他發現工業革命之後，社會走向群眾的時代，他將觀察、分析群眾之心理所得出的結論整理成著作《群眾心理》，對後世的社會心理學發展具有長遠的影響。

勒龐指出「群眾心理」的幾項重要特質：

1 群眾是衝動、善變，容易受到煽動的

群眾會受到所有外界刺激的影響而行動，並反映出外界刺激的不斷變化。群眾的衝動排山倒海而來，甚至可以蓋過其自身的利害觀念。群眾無法擁有計畫性的思考。

2 群眾會輕易接受暗示，輕信他人所言

在群眾心中被喚起的心像，會被當成事實來接受。在群眾之中，即使是學者也會變得和目不識丁的人一樣。當多數證人意見一致、因此被援以為判斷事實的證據是最糟糕的情況。

3 群眾的情感是誇張而單純的

群眾無法感受到疑惑、不安，會不斷從極端走向極端。

導師們欲將思想或信念深植到群眾的精神之中，有各式各樣的方法，而最主要的手法有下列三項：斷言、反覆、渲染。

妄下斷言——不經推理、論證，毫無條件地斷下言論，是將某種思想植入群眾精神中最確實的手段。

反覆——不斷重複的事情會被刻印在無意識的最深處。

渲染——將某種斷定的言論不斷反覆使用，形塑出意見的趨勢，即可產生強大的感染作用，在群眾之間發生影響。

* 本書部分引用、改編自講談社學術文庫之《群眾心理》 櫻井成夫 譯

〈主要參考文獻〉
《群眾心理》勒龐（著）櫻井成夫（譯）講談社學術文庫
《羅伯斯比爾》Peter McPhee（著） 高橋曉生（譯） 白水社
《羅伯斯比爾——支配世界的革命者》 松浦義弘（著）山川出版社
《法國革命史》Jules Michelet（著） 桑原武夫、多田道太郎、樋口謹一（譯）上、下 中公文庫
《物語 法國大革命——從攻佔巴士底監獄開始到拿破崙登基》 安達正勝（著） 中公新書
《法國大革命為何而起？革命史再考》 柴田三千雄（著） 福井憲彥、近藤和彥（編） 山川出版社
《法國大革命的省察》Edmund Burke（著）半澤孝麿（譯） 書房
《路易十七之謎——消逝於法國大革命中的王子》 桐生操（著） 新書館

何謂「群眾

馬克西米連・羅伯斯比爾

全名為馬克西米連・法蘭索瓦・馬里・伊西多・德・羅伯斯比爾（Maximilien François Marie Isidore de Robespierre，1769-1794）

法國大革命時期的政治家、革命分子，最早是以律師身分開始參與活動，三十歲之後踏入政治圈，掌握國民議會，實行恐怖政治，也被稱為史上第一名恐怖政治家。

第一章 「群眾的時代」

太棒了！這麼偉大的建築，根本不像是人類所為。
嘩
嘩
很棒吧，
它高達三〇〇公尺！是這次巴黎萬博的一大亮點。
嘩
來觀光嗎？中國人。
我是日本人啦。
在里昂一面工作一面學法律，今年就要學成歸國了。
法科大學嗎？是知識分子呢，真令人羨慕。
這麼說來，
回到故鄉後就要成為日進斗金的律師了吧。
我是外交官。

咦！這麼厲害！
回國之前請好好將這一切烙印在腦中，
今年可是法國大革命一○○週年呢。
自由、平等、博愛！
這場慶典可是我們這些帶著自由思想從那地獄歸來的愛國者之榮耀呢。
哪個地獄？
喂喂！日本人，
你身為知識分子竟然不知道？

那個恐怖時代的事……

群眾心理

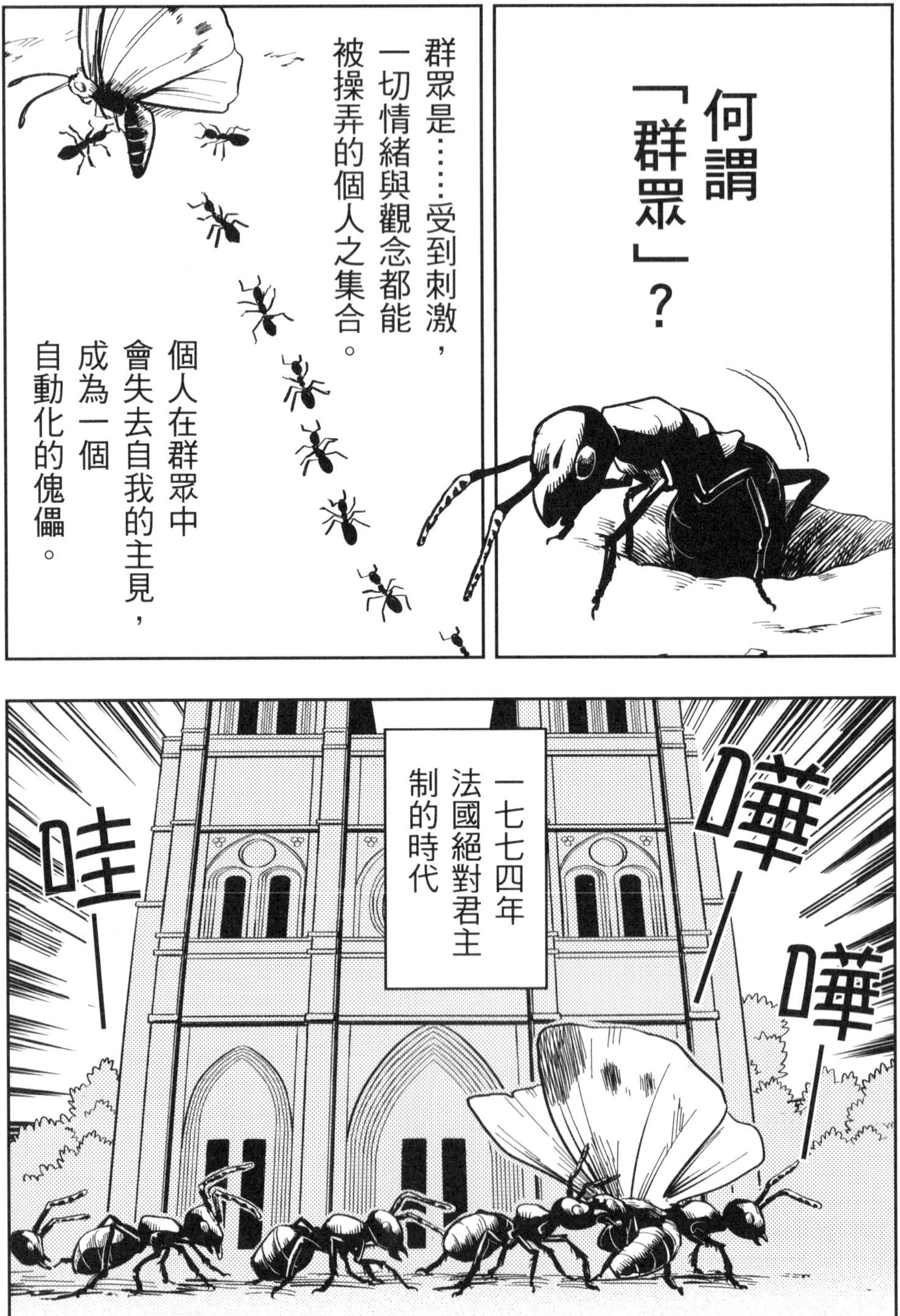
何謂「群眾」？
群眾是……受到刺激，一切情緒與觀念都能被操弄的個人之集合。
個人在群眾中會失去自我的主見，成為一個自動化的傀儡。
嘩—
嘩—
一七七四年法國絕對君主制的時代
哇—

恭賀陛下登基！
恭喜！
哇嘩嘩
動物也好，人類也罷，生物群體就是會本能性地向最高權力者屈服。
（哇－嘩－嘩）
國王陛下萬歲！
當權力達到絕對時，就形成了——「威嚴」。
願國王永生不死！

嘩嘩
法國國王
路易十六
法國皇后
瑪麗・安東尼（Marie Antoinette）
竊笑
瑪麗，有什麼好笑的呢？
因為……陛下您的模樣就和史書中常見、繪著從前那些國王的插畫沒有兩樣嘛。
是嗎？
一般平民穿上法袍看起來就能像個法官，穿上軍服就會像個軍官。

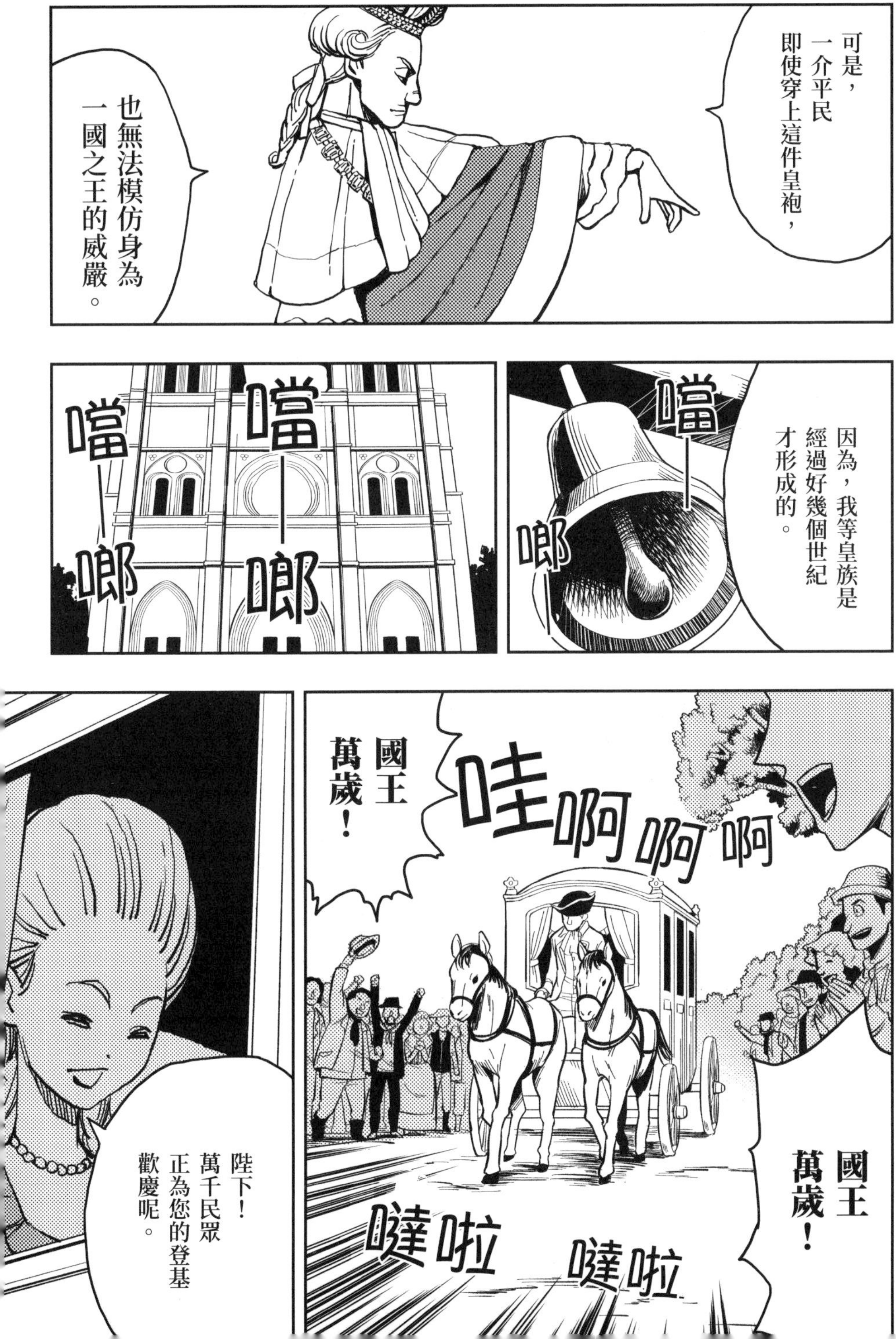
可是，一介平民即使穿上這件皇袍，
也無法模仿身為一國之王的威嚴。
噹——啷
噹——啷
噹——啷
因為，我等皇族是經過好幾個世紀才形成的。
哇啊啊啊
國王萬歲！
國王萬歲！
噠啦
噠啦
陛下！萬千民眾正為您的登基歡慶呢。

君權神授說：「君權是上天授予的，任誰都無權
反抗國君。」
嘩
嘩
因此沒有一個人對於您是國王這件事有異議。
那是當然。
威嚴若成了議論的標的，那就已稱不上是威嚴了。

人民集合而成的團體雖會反抗弱小的權力，
卻也會輕易屈從於絕對的權力。
皇室即為國家統治者的觀念不僅出現在這個國家裡，
甚至已成為整個歐洲全體共通的信念了。

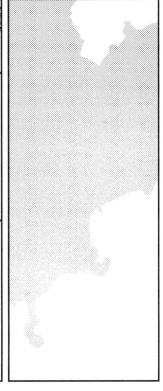

我是神所認定的
法國國王。
我等一族
將永遠以皇家之姿，
君臨這個國家。

一七八三年
阿爾圖瓦州首府阿拉斯
開庭！
被告德多夫，經修道士布隆尼亞爾舉發，
被控盜取修道院之財產。
被告對此一控訴有什麼話要說？
那不是事實，是他捏造的謊言。
我根本什麼也沒做。
哼！

庭上！
他是無辜的。

辯護律師
馬克西米連·
羅伯斯比爾
你、你說什麼！
原告布隆尼亞爾由於被女性拒絕，懷恨在心，
於是誣陷該女子之兄，也就是被告盜領之罪。
騙……
那麼不見的那些錢去了哪裡？
修道院掩蓋了會計人員盜領之事。
而該會計人員正是本案的原告布隆尼亞爾。

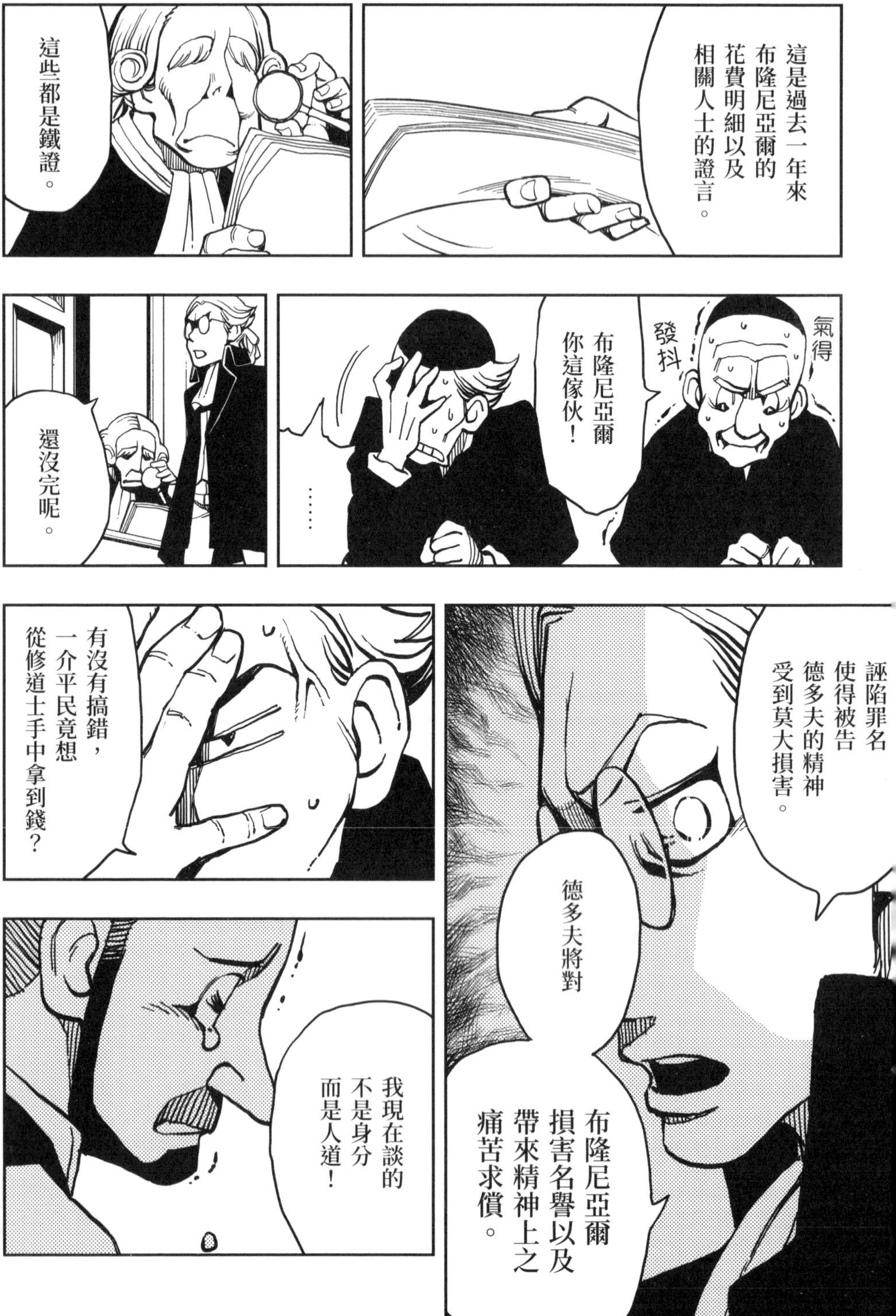
這是過去一年來
布隆尼亞爾的
花費明細以及
相關人士的證言。
這些都是鐵證。
氣得
發抖
布隆尼亞爾
你這傢伙！
……
還沒完呢。
誣陷罪名
使得被告
德多夫的精神
受到莫大損害。
德多夫將對
布隆尼亞爾
損害名譽以及
帶來精神上之
痛苦求償。
有沒有搞錯，
一介平民竟想
從修道士手中拿到錢？
我現在談的
不是身分
而是人道！

別想濫用聖職者的特權！
該贖的罪，與身分地位根本沒有關係!!

美國獨立戰爭結束了！
美國打敗英國了！
嘩啦
英國佬活該。
嘩啦
嘩啦
咱們法國所支持的獨立派勝利啦！
哥哥，您今天在法庭上的表現也好棒。
真不愧是「窮人的辯護律師」羅伯斯比爾！
拜這個名號所賜，我被上流階級的人討厭，生活總是捉襟見肘。

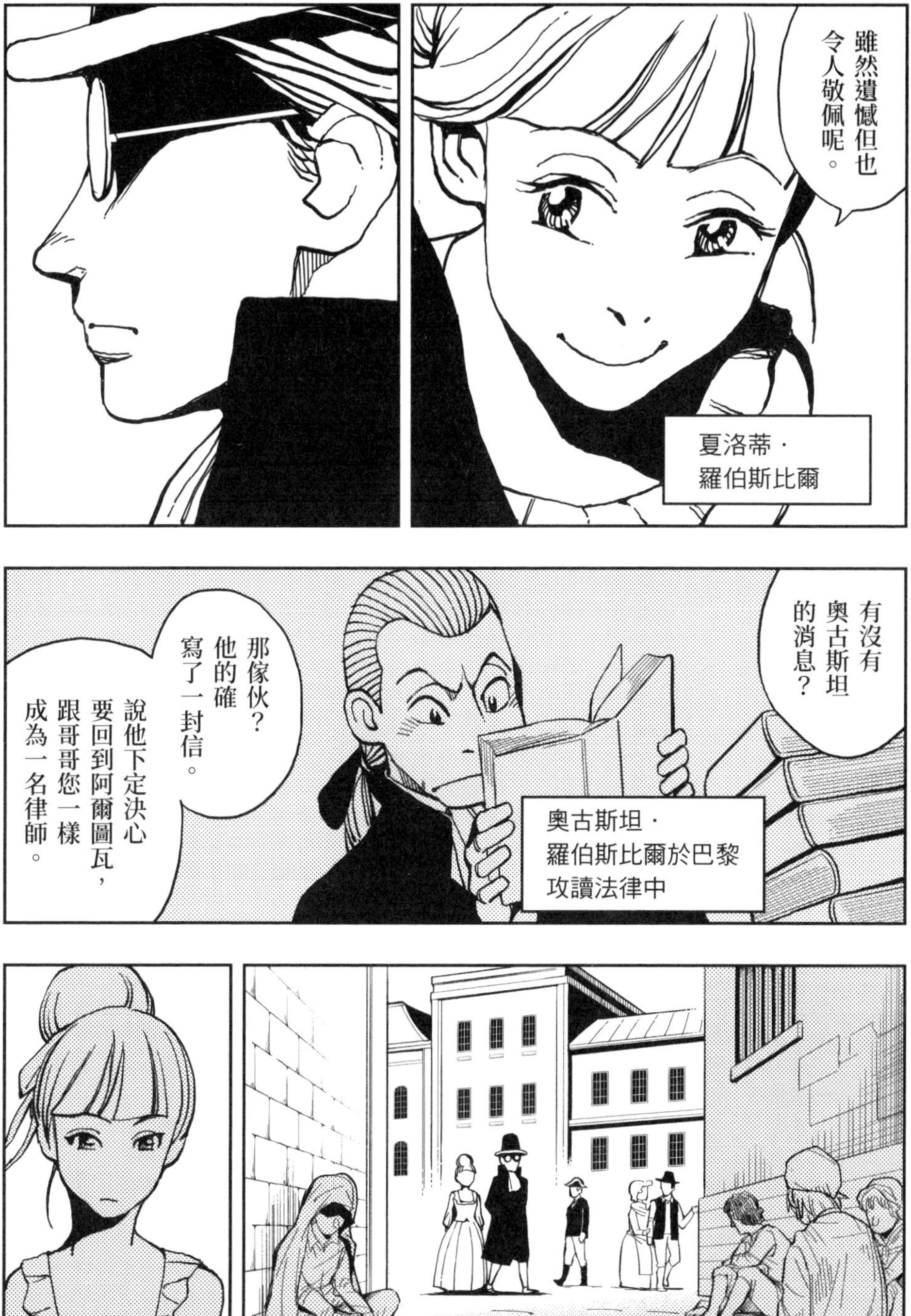
雖然遺憾但也令人敬佩呢。
夏洛蒂·羅伯斯比爾
有沒有奧古斯坦的消息？
那傢伙？他的確寫了一封信。
說他下定決心要回到阿爾圖瓦，跟哥哥您一樣成為一名律師。
奧古斯坦·羅伯斯比爾於巴黎攻讀法律中

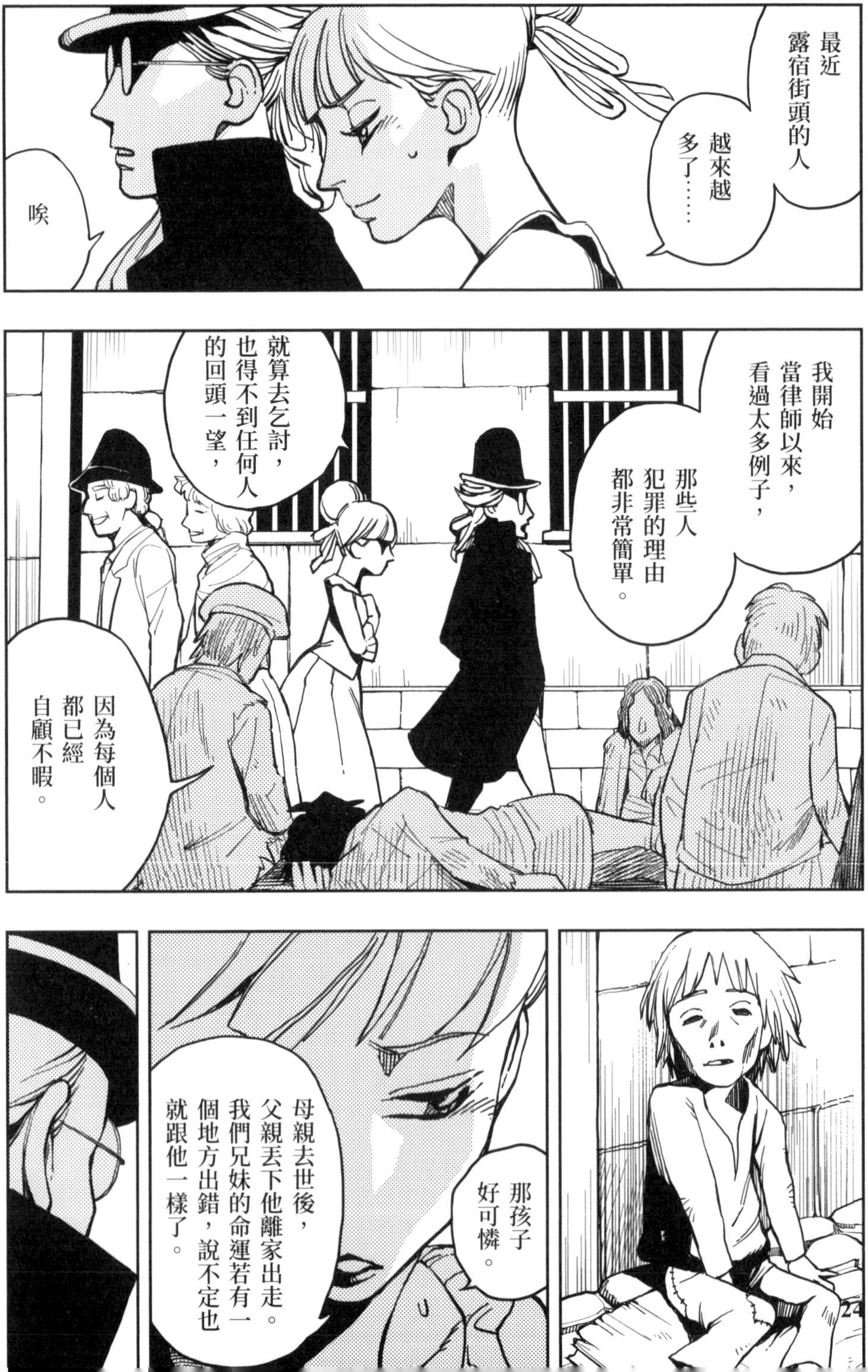
最近露宿街頭的人
越來越多了……
唉
我開始當律師以來，看過太多例子，
那些人犯罪的理由都非常簡單。
就算去乞討，也得不到任何人的回頭一望，
因為每個人都已經自顧不暇。
那孩子好可憐。
母親去世後，父親丟下他離家出走。我們兄妹的命運若有一個地方出錯，說不定也就跟他一樣了。

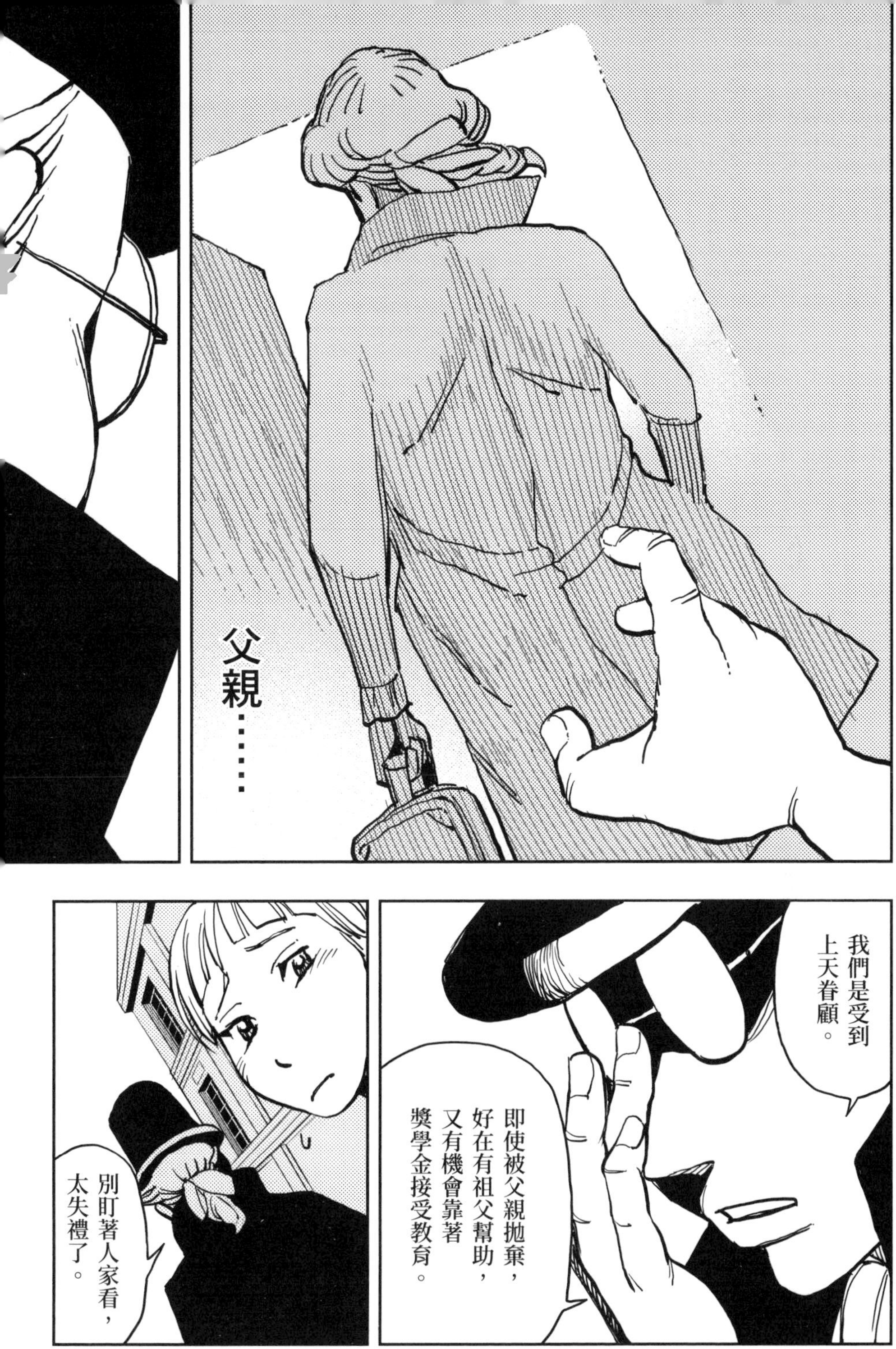

父親……
我們是受到上天眷顧。
即使被父親拋棄，好在有祖父幫助，又有機會靠著獎學金接受教育。
別盯著人家看，太失禮了。

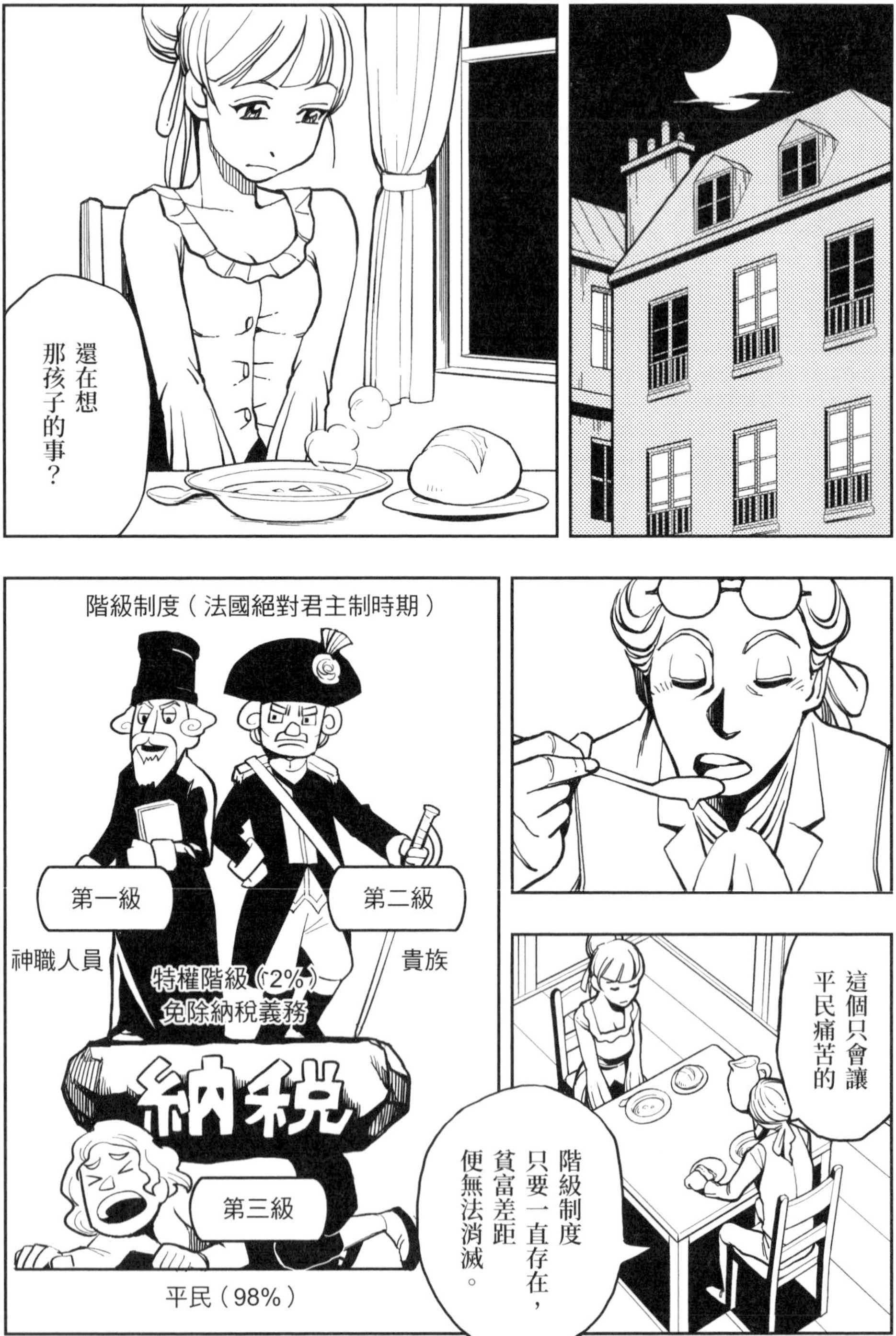
還在想那孩子的事？
階級制度（法國絕對君主制時期）
第一級
第二級
神職人員
貴族
特權階級（2%）
免除納稅義務
納稅
第三級
平民（98%）
這個只會讓平民痛苦的
階級制度只要一直存在，貧富差距便無法消滅。

……
不過，還是有希望。
盧梭的《社會契約論》發行至今約十年，
可取代過去數世紀以來逐漸形成封建思想的「一般意志」，
平民百姓也開始意識到它的存在……
咦!?
?
等一下，您在說什麼，我聽不懂啊。
簡而言之，雖然速度很慢，但人民已經開始覺醒，
現今的社會制度，哪裡不對勁。

貴族的子孫就世代為貴族，平民的後代永遠只是平民……
領主說是白的，就算是黑的也能變白。
遭受那些有錢的特權階級壓榨的平民對這件事毫無疑問地接受，因為大家都認為是理所當然的。
那麼，只要大家共同組織一個所有人都能得到幸福的社會不就好了嗎？
哐
要改變已延續好幾個世紀的「理所當然」需要很強大的力量，這強大力量哪裡來？

我寄託在國王陛下身上。
蛤？
……寄託在國王身上？
喀嗟
夏洛特？
哥哥您是在說什麼蠢話？
這麼多的報紙是打哪兒來的!?
搖搖晃晃
我藏在床底下的！

唰唰
唰唰
您看這個！
這是皇室的真相。
這是王妃瑪麗安東尼
真實的面貌。
賭博狂、
整天開舞會、
與年輕的
貴族偷情，
這個身為母親
卻如此不檢點的
奧地利女人根本
就是浪蕩到極點！
國王竟然默認這一切，
總是假裝沒看見，
您說，
對於這樣的國王
有何期待可言!?
啊啊
真是可笑！
夏、夏洛特
真意外妳竟然
都在讀這些
腥爐色的
八卦新聞……

對這種小道消息可別認真了。
關於王妃的那些傳言我是不知道，
但當今的國王陛下可是跟以前的不一樣。
他雖是虔誠的天主教徒，卻也理解科學，
懂得多國語言，因此明白掌握世界情勢，
禁止對罪犯施以非人道的拷問。
總之，他有很大的度量能夠接受新思想。

此外，他還是只愛王妃一人的專情丈夫！
咦!? 真令人意外……
這些我都沒聽過呢，哥哥您怎會這麼了解？
妳偶爾也該讀讀正經的新聞吧！
他與過去妻妾成群的風流國王有不同的價值觀，
明白事理的他，一定可以改變過去的「理所當然」。
冰島南部拉基火山
隆
轟隆隆
隆隆

（爆炸噴發）

轟
隆
隆
一七八八年
法國鄉村
唉，不行啊，今年又歉收了。
這幾年天候異常，都是北國火山爆發帶來的影響。
那可真是驚人啊！火山灰竟然還漫延到法國來。
聽說德國萊比錫一帶有蝗蟲飛過，災情慘重。
蝗蟲？蝗蟲哪有什麼可怕？
你竟然不知道蝗蟲的厲害？

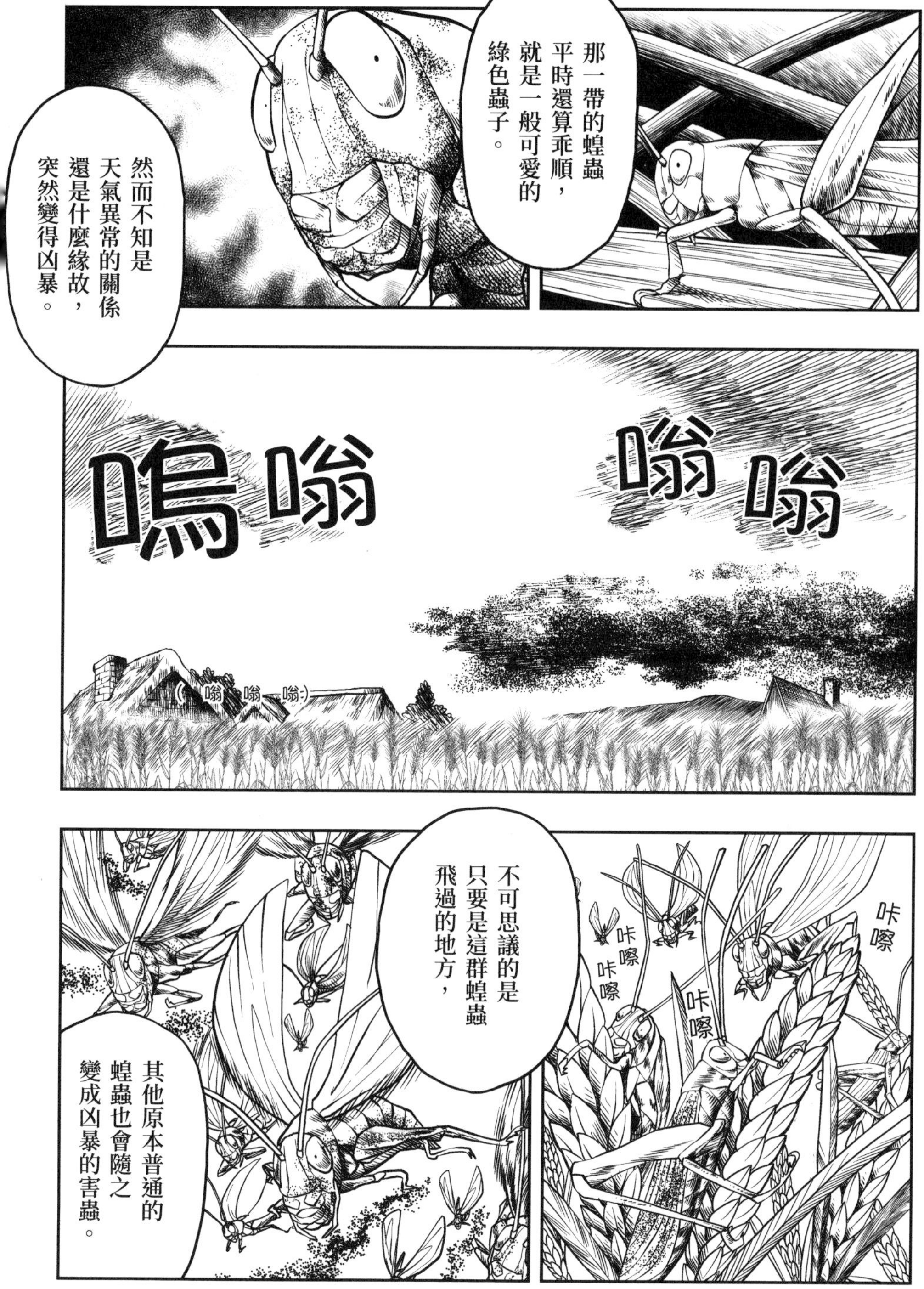
那一帶的蝗蟲平時還算乖順，就是一般可愛的綠色蟲子。
然而不知是天氣異常的關係還是什麼緣故，突然變得凶暴。
嗡嗡
嗚嗡
（嗡嗡嗡）
不可思議的是只要是這群蝗蟲飛過的地方，
咔嚓
咔嚓
咔嚓
咔嚓
其他原本普通的蝗蟲也會隨之變成凶暴的害蟲。

就這樣慢慢變得
越來越龐大，
從數千隻增加到
數萬隻……
所到之處，
無論農作物、
樹木、
房屋，

(嗚　嗡　嗡　嗡)
都會被牠們啃得一乾二淨，
一個一個村落，在瞬間就被摧毀殆盡。

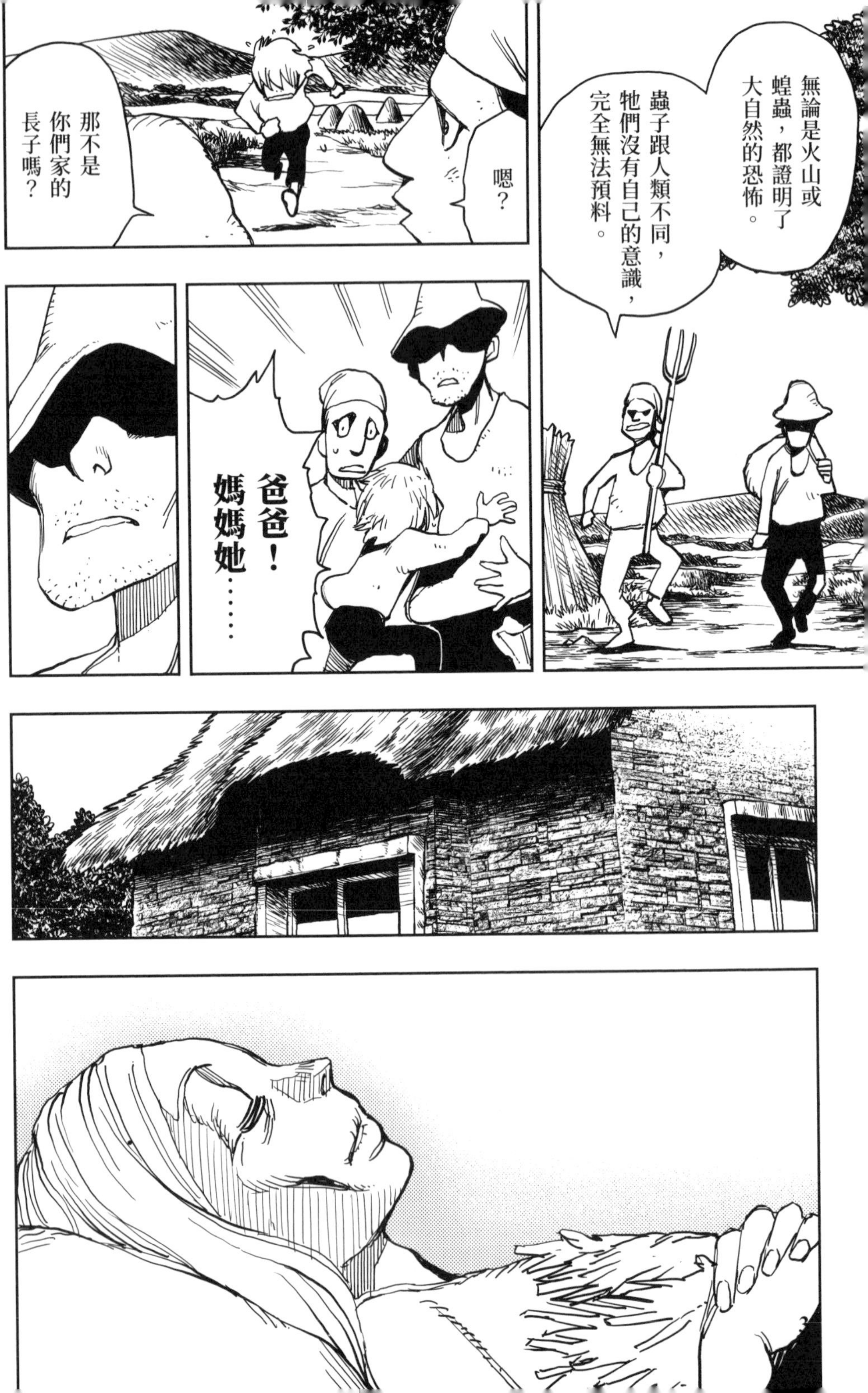

無論是火山或蝗蟲，都證明了大自然的恐怖。
蟲子跟人類不同，牠們沒有自己的意識，完全無法預料。
嗯？
那不是你們家的長子嗎？
爸爸！媽媽她……

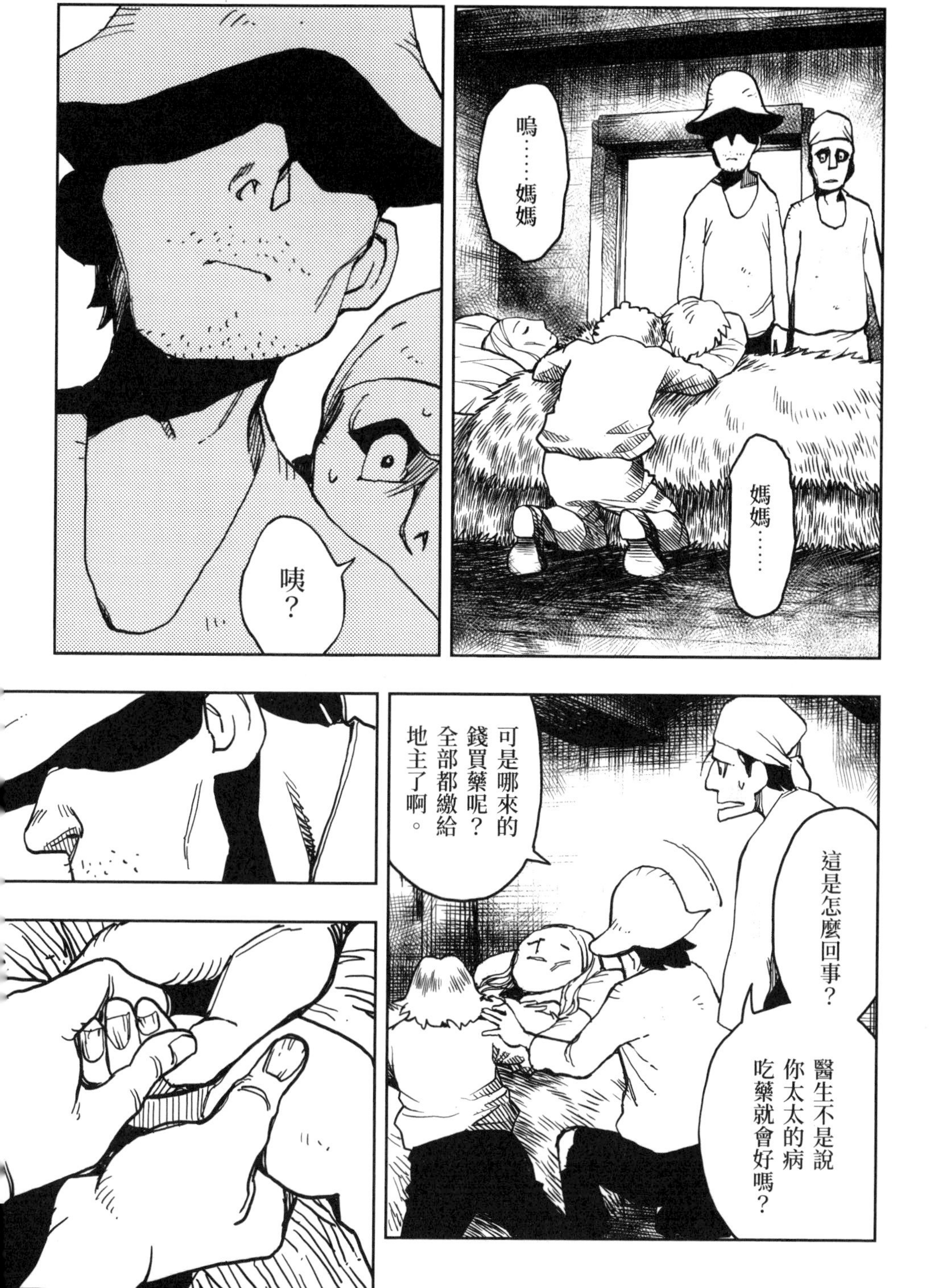
嗚……媽媽
媽媽……
咦？
這是怎麼回事？
醫生不是說你太太的病吃藥就會好嗎？
可是哪來的錢買藥呢？全部都繳給地主了啊。

啊，孩子的媽啊，
妳的命難道比不上納稅的義務嗎？
媽媽……
媽媽
那些貴族如此不知人間疾苦，可恨啊！
巴黎市內
今年的農作物也歉收啊。
聽說在農村還有人餓死呢。
法國財政已是奄奄一息，
已無法從第三級的那些平民身上再收取更多稅賦了。

國王陛下竟然想以此為理由，廢止我們貴族的免稅特權，
鏘
鏘
想靠貴族與神職者上繳的稅金渡過這次的財政危機。
真是愚蠢！財政困難的原因是戰爭帶來的龐大支出。
為何我們得替歷代國王的失敗收拾殘局？
啊啊——真令人火大。
今晚就別管那些，盡情享用美食美酒喧囂到天明吧！

呵呵呵……
那些飢餓的平民要是看到我們這樣過生活，恐怕會暴動呢。
啊啊，聽說最近流行的啟蒙思想主張人生而平等是吧。
真是的，一知半解的教育實在不可取。
那些擁有片面知識而不得志的人將會起身反抗統治者。
平民啊，還是當個什麼都不知道的笨蛋最好。
那些笨蛋認為國家的財政危機是因為王妃的浪蕩奢侈所致。
但是就算把那只佔國家預算百分之幾的費用省下來，也只是杯水車薪而已。

針對我們貴族課稅的議題，顯貴會議＊上的結論如何？
當然是反對啊。
咚
只不過，國王要求召開三級會議＊。
三級會議？
你們不知道嗎？
不過，時隔一百七十年未曾召開，難怪沒聽過。
這是從全國召集國民各層代表，就國家重要事項進行討論、表決的會議。

＊由法國國王邀請的社會顯貴，如親王、貴族、大主教、大法官甚至是地方官員所組成的議會，其目的在於商討國政。

連平民也會參加的會議？
沒錯。
經由地方選舉選出的代表三種身分的委員聚集到凡爾賽。
全國三級會議
第三級身分
平民代表
第二級身分
貴族代表
第一級身分
神職者代表
即使是國王，也不能不顧三級會議的決定，
只要在此取得勝利，我等的特權將可以永久保住。
陛下……
再這麼下去，法國就要破產了

稅制改革沒有進展。
財務大臣
內克爾
若不在三級會議上表決，貴族階級是不會同意的。
內克爾*，
連你也不聽我說的話了嗎？
陛下，請您做決定吧……

* 雅各・內克爾（Jacques Necker），1732-1804。銀行家，法國路易十六的財務大臣。

國王決定要召開三級會議了！
貴族也有納稅的義務了
太棒了！我等平民也能參與政治嗎？
聽說是內克爾說服國王陛下的，
而且也要求王妃必須簡儉度日。真有他的！
內克爾是平民的希望啊！
三級會議的委員選舉就要開始了。
我要出庭，忙得很。
哥哥您也出馬去參選阿拉斯的代表吧。
是啊，奧古斯坦，你也已經是個律師了，請你專注經營本業吧。

哇！太過分了，這麵包怎麼又漲價了？根本是暴利嘛！
鎮上連麵粉都買不到了呢，要是嫌貴的話去別家買！
咦！
喂喂哥哥，您也太奢侈了吧，一下買這麼多。
扛……
這是要給梅傑的。
梅傑？
是個被父母拋棄，已經獨自在路上生活了五年的孩子。
哥哥只要一拿到報酬就會買麵包去給他。
一個孩子可以在路上生活五年!?不是應該有孤兒院來安置嗎？
現在這個世道，沒有地方可以收容他了。
呃啊！
好在這孩子出乎意料還滿堅強的！

我們久久來找他一次。
就是在這條巷子裡喔，奧古斯坦。
啊！找到了，在這裡。
喂！梅傑

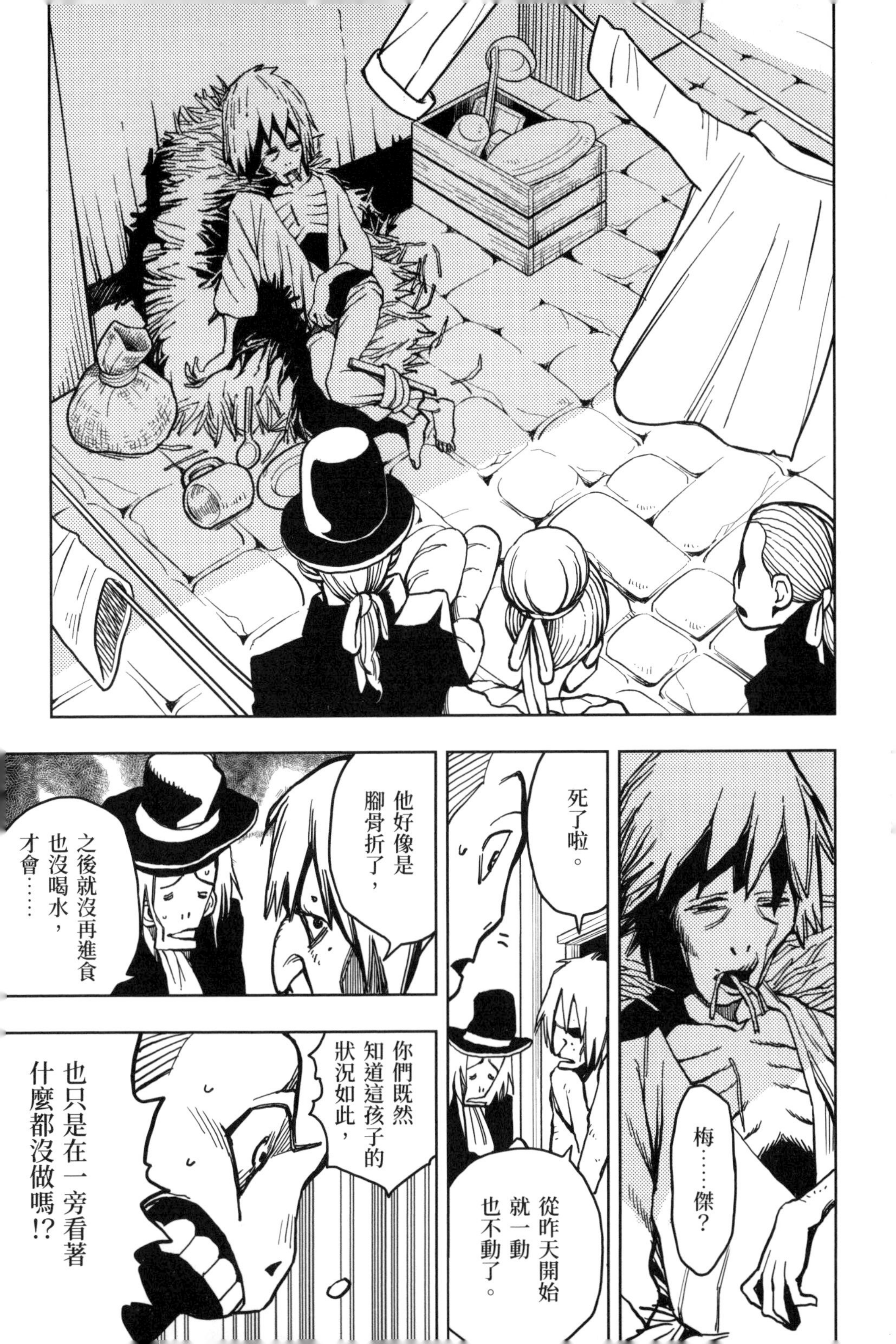
梅……傑？
死了啦。
從昨天開始就一動也不動了。
他好像是腳骨折了，
之後就沒再進食也沒喝水，才會……
你們既然知道這孩子的狀況如此，
也只是在一旁看著什麼都沒做嗎!?

梅傑，對不起，我是笨蛋……
不、
不該放棄替他找孤兒院的。
啊啊啊啊
都是那些堅持固守古老社會不合時宜的制度的傢伙所害。
到頭來犧牲的都是弱勢者，還有弱勢中的弱勢。
孩子是無辜的……
可是對社會絕望的父母卻把孩子丟下。

對社會絕望的父母……
只能趁現在
特權階級與第三級身分……在永遠自由或成為奴隸之間做選擇，
國王陛下給予我們最初也是最後的機會……
梅傑，
我決定要參選成為三級會議代議士的候選人。

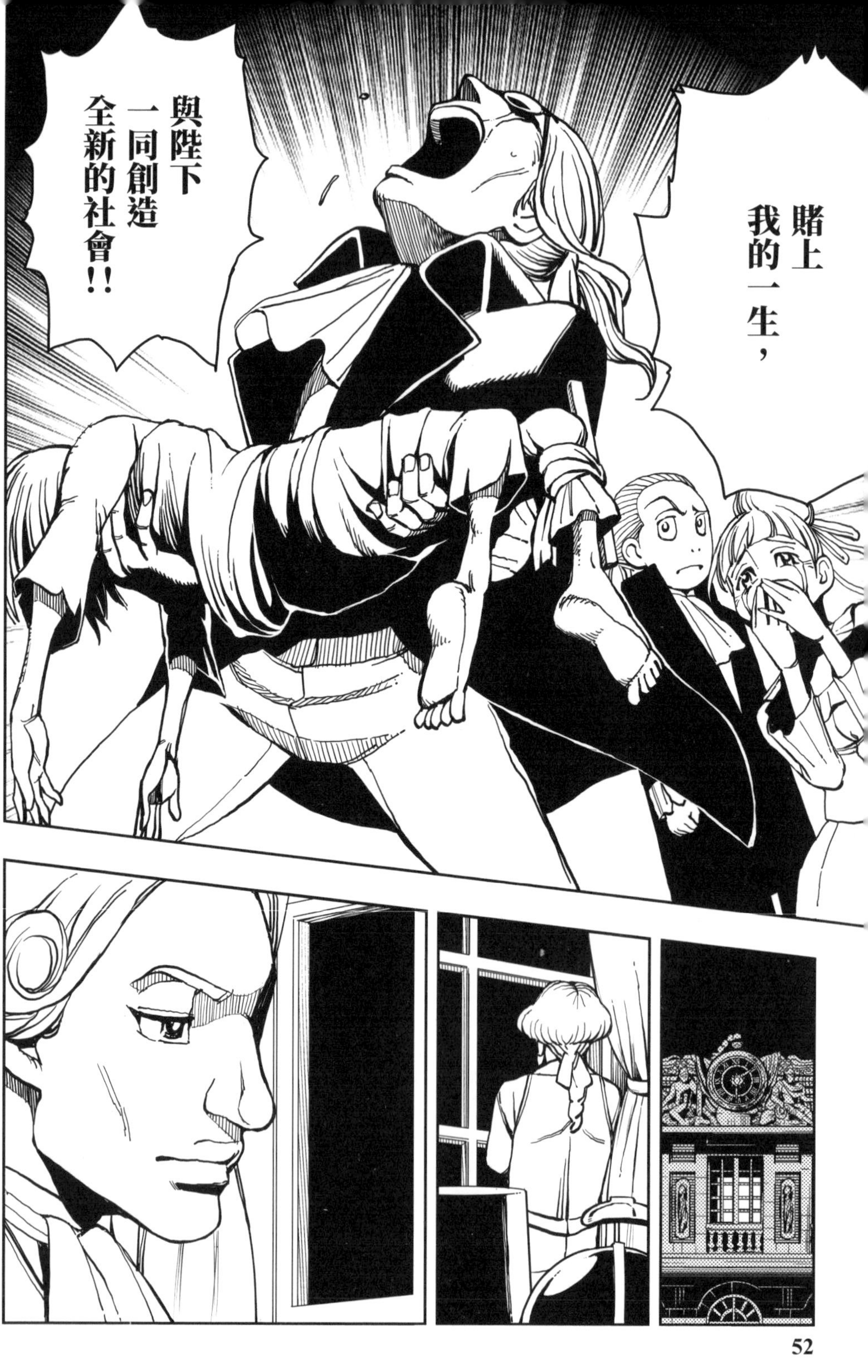
賭上我的一生，
與陛下一同創造全新的社會!!

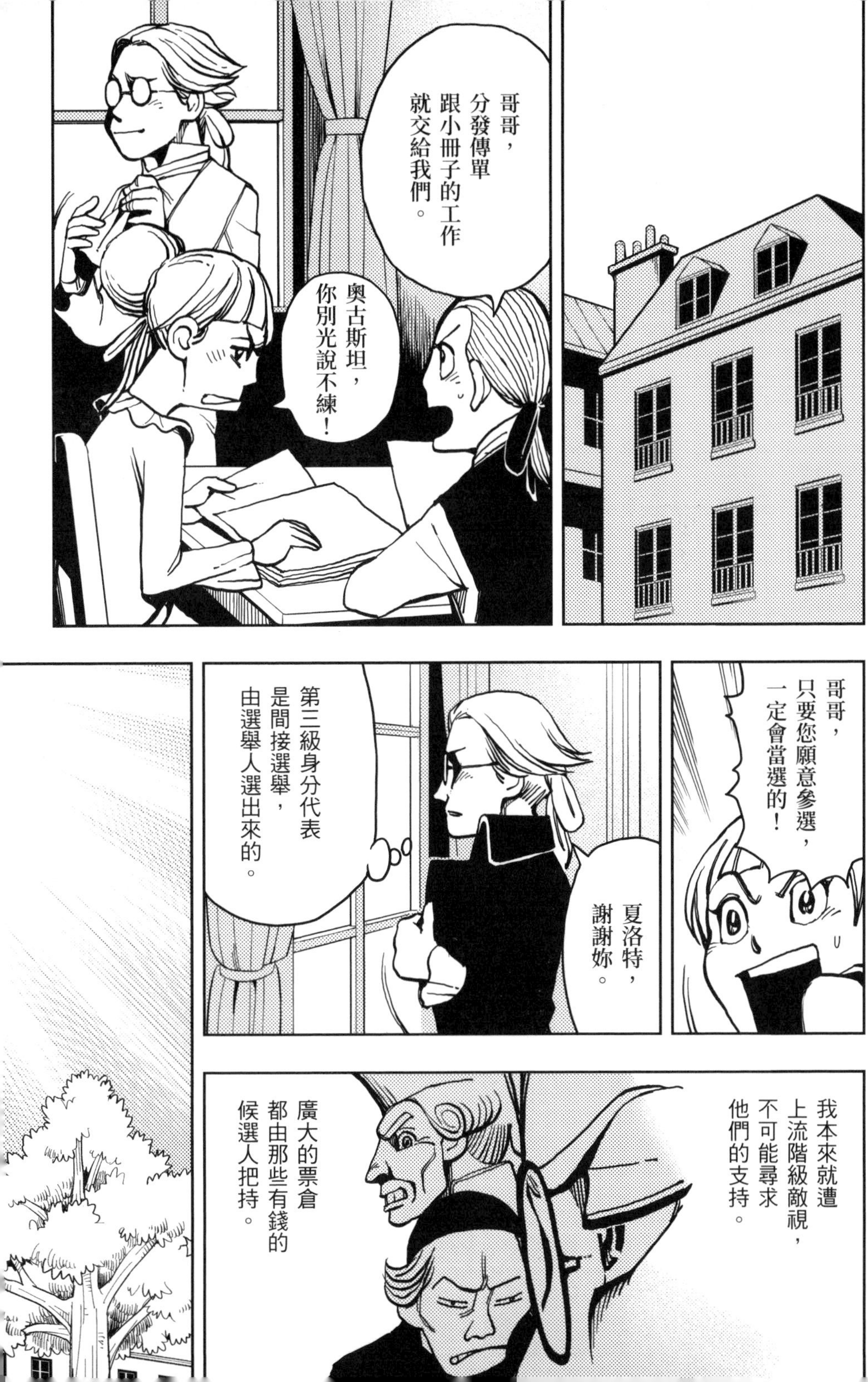
哥哥，分發傳單跟小冊子的工作就交給我們。
奧古斯坦，你別光說不練！
哥哥，只要您願意參選，一定會當選的！
夏洛特，謝謝妳。
第三級身分代表是間接選舉，由選舉人選出來的。
我本來就遭上流階級敵視，不可能尋求他們的支持。
廣大的票倉都由那些有錢的候選人把持。

那麼我就專攻浮動的中間選民！
以壓倒性的輿論為武器，給予那些候選人壓力。
市民諸君也是三級會議的一份子。
政府預算不足的二億四千萬里弗爾＊應以稅收做擔保去借款補足，
但連年歉收與政治動盪造成法國信用跳水式的下降……
交頭
接耳
該如何解決財源的匱乏，是現今問題所在。
這名候選人是個強敵。
＊Livre，當時法國的貨幣單位。

交頭
哥哥您認為呢？
接耳
提出了具體的數字與出處，思路清晰，是成功的演說。
確實是個頭腦清楚的候選人。
但是，對演說做出評價的，不是我們。
你仔細看看周圍，奧古斯坦。
交頭
接耳
交頭
接耳
謝、謝謝大家的聆聽
啪噠啪噠

交頭接耳
啪噠啪噠
換哥哥了。
辛苦了，不過一味說理是沒用的，
比起「說了什麼」，群眾更重視的是「由誰來說」。
簡而言之，群眾會屈服在「威嚴」之下。
啊，換下一個候選人了。
交頭
接耳
哼，這人看起來很無聊啊。
斷言、反覆、感染
我要用這三種手段，樹立起民意代表的威嚴。

法庭上的陪審員
和選戰中的聽眾
都是群眾，
這一點並沒有
太大的差別。
對嚴守法律的
法官得要訴求理性，
然而對陪審員
則需訴諸感情。
交頭
接耳
事先準備好
講稿是沒用的，
得到現場看清聽眾
再來選用說詞，
對象是勞工
還是農民
或者白領，
對於你的立場，
他們的態度是友善的，
抑或
帶有敵意的，

交頭接耳
交頭接耳
交頭接耳
喂喂，幹嘛不說話？
哈哈哈……太緊張了是吧。
眼鏡仔，快開始好嗎？
交頭接耳
交頭接耳
交頭接耳
市民諸君，
祖國現在陷於危機之中，
貧窮的父母只能任由孩子們風吹日曬，忍耐飢餓，
交頭接耳
住在豪宅裡的人卻一天就可花掉能讓千人溫飽的費用。
交頭接耳

讓我們如此悲慘的不是外國的軍隊，
交頭接耳
敵人就在國內。
交頭接耳
我會在三級議會中，將敵人的陰謀昭示天下。
……
靜
默

加害者與被害人，
敵人與伙伴，
善與惡……
簡單易懂的
二元對立，
不需要提出什麼證據，
斷言是越簡單越能發揮威力，
反覆則具有
感染的力量。
我們現在正處於
選擇自由或是
繼續當奴隸、
幸福或悲慘
的時刻！

為了解救祖國，我羅伯斯比爾
就算成了自由與平等的殉教者也在所不惜!!
哦哦哦哦哦!!

這傢伙好厲害啊……
他好像是本地有名的人道律師。
原來如此，難怪。
交頭
接耳
陰謀……
是嘛，三級會議原來是為守護祖國而戰，
敵人就在國內……
對於有敵意者，不必說服他們每一個人。
只要讓其中最有力的那一個人願意聽我的，
其他人就會受到他的感染。

謝謝您的聆聽。
您是製鞋匠工會的會長吧？
沒錯，那又如何？
我與勞工站在同一邊，還請多多支持。
噠噠噠
哼！不愧是律師，口才真好。
你好好加油吧。
會長……
我不要「好好加油」。

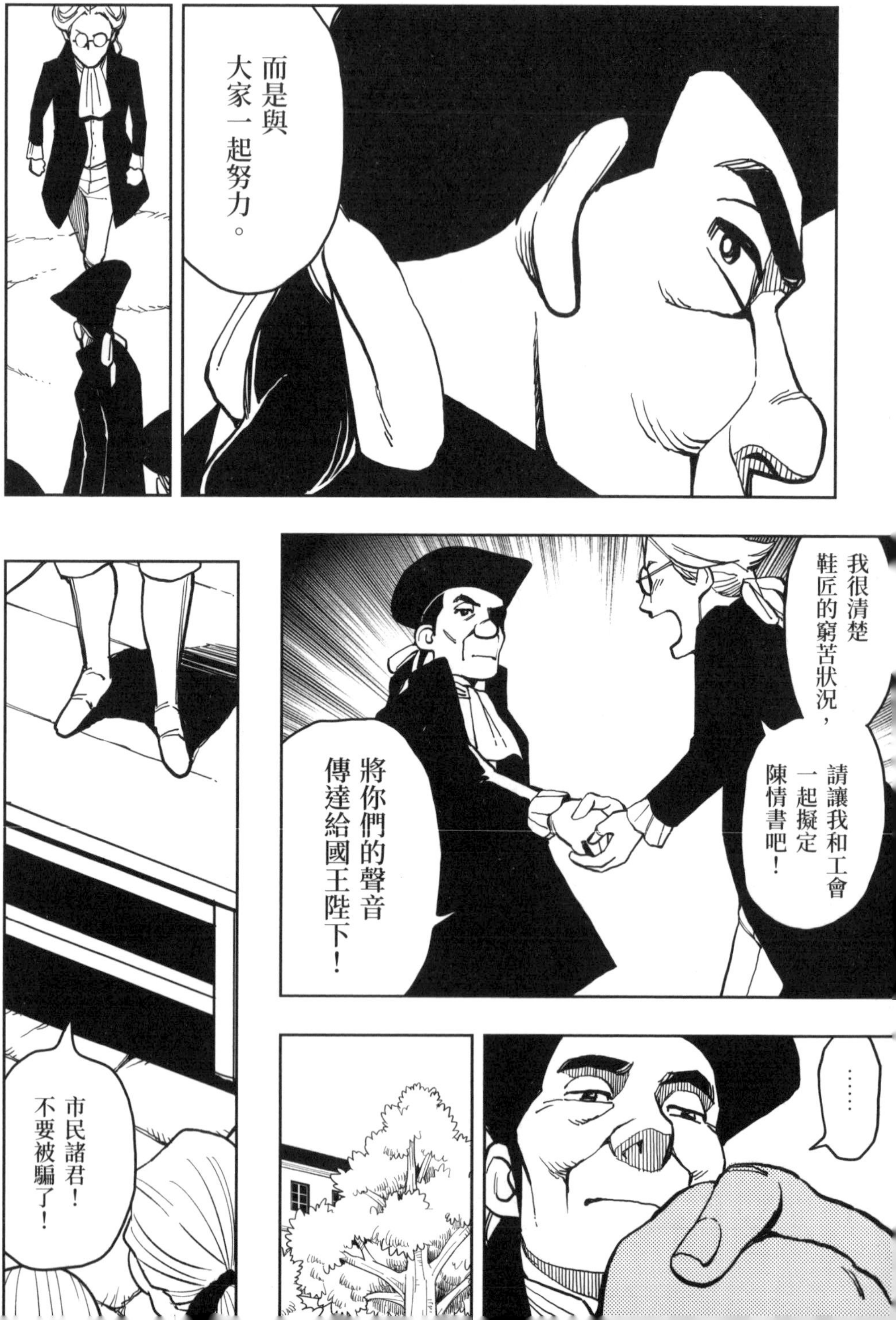
而是與
大家一起努力。
我很清楚鞋匠的窮苦狀況，
請讓我和工會一起擬定陳情書吧！
將你們的聲音傳達給國王陛下！
市民諸君！不要被騙了！
……

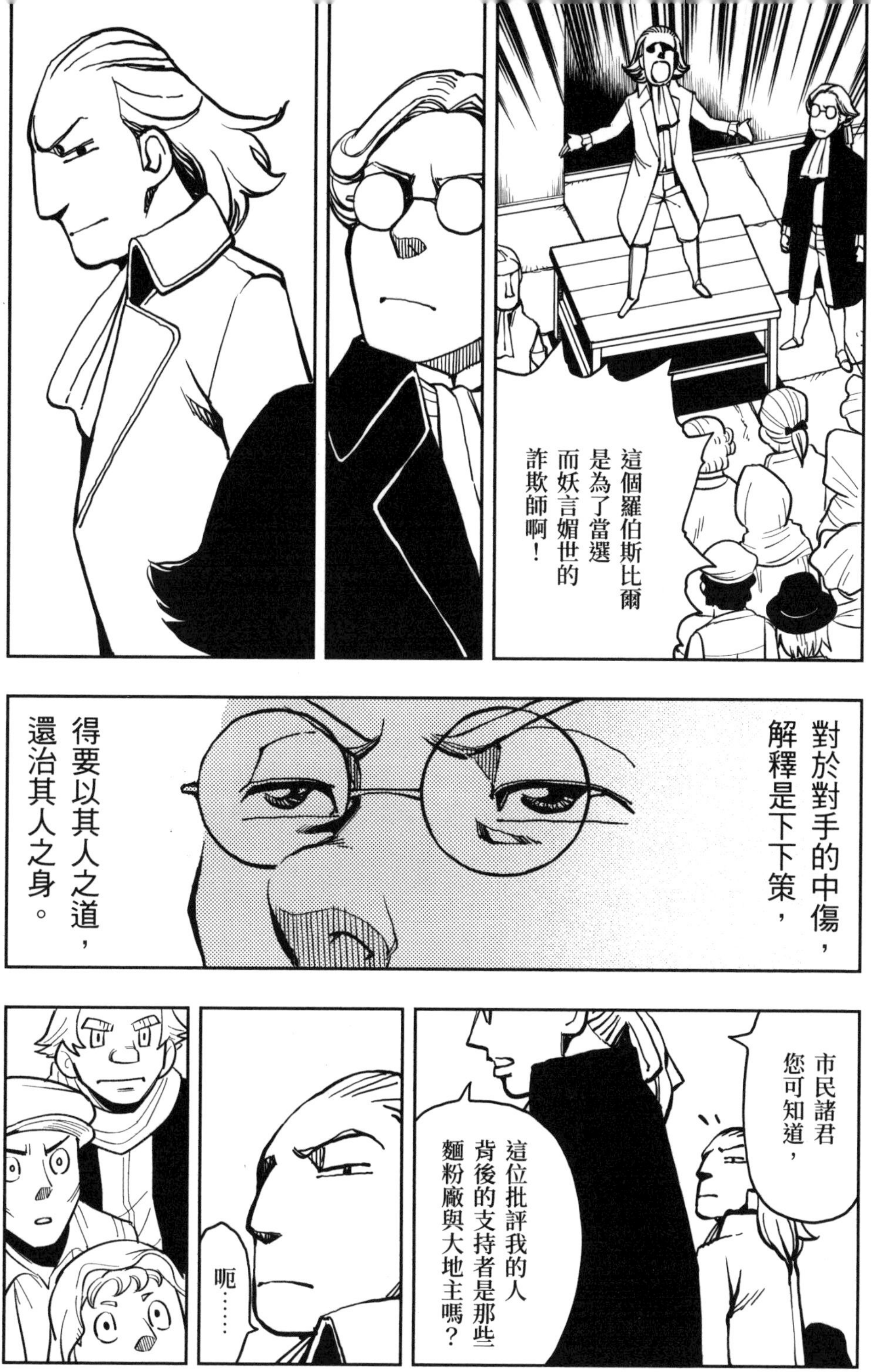
這個羅伯斯比爾
是為了當選
而妖言媚世的
詐欺師啊！
對於對手的中傷，
解釋是下下策，
得要以其人之道，
還治其人之身。
市民諸君
您可知道，
這位批評我的人
背後的支持者是那些
麵粉廠與大地主嗎？
呃……

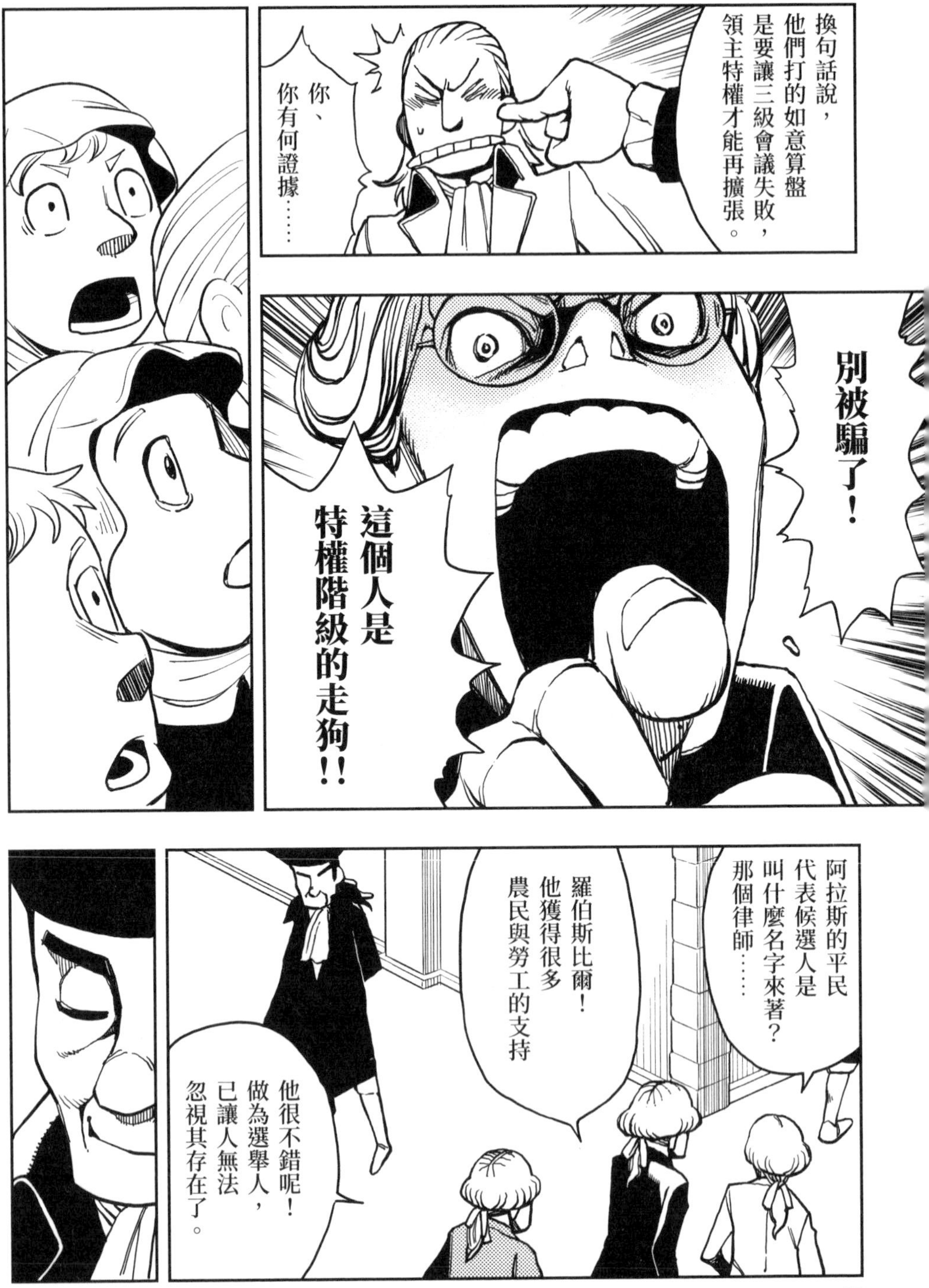
換句話說，他們打的如意算盤是要讓三級會議失敗，領主特權才能再擴張。
你、你有何證據……
別被騙了！
這個人是特權階級的走狗!!
阿拉斯的平民代表候選人是叫什麼名字來著？那個律師……
羅伯斯比爾！他獲得很多農民與勞工的支持
他很不錯呢！做為選舉人，已讓人無法忽視其存在了。

請將「人民的擁護者」羅伯斯比爾送進三級會議！
反覆斷言，感染他人。
反覆斷言，感染他人。

一七八九年
五月五日
凡爾賽宮

交頭
接耳
第一級身分
交頭
接耳
第二級身分
第三級身分
交頭
接耳
今天由三級身分代表召開全國三級議會。
嘩
嘩
嘩
咔
咔

第二章「群眾的精神」

嘩嘩
全國三級會議開議後一個月
嘩嘩
嘩嘩
怎麼回事？報紙上說至今一件事都決定不了。
聽說是因為採多數決的方式，可是各方意見分歧，狀況十分混亂。
交頭接耳
那些代議士是白痴嗎？
都在幹什麼!?
凡爾賽宮
我到底是為何而來？
糧食問題、稅制改革、憲法起草。
得在三級會議上決定的事項堆得跟山一樣高，
結果卻一件也決定不了。

明明是為了國家好而選出來的議員，
卻為自己所屬的黨派利益或面子綁手綁腳，
完全忘了原本的目的。
不管是農民、律師還是學者，
個人的能力根本無關緊要。
人只要群聚在一起就會變成笨蛋。
就在這樣僵持不下的期間，貧困的農村、都市的暗巷裡，
民眾仍然為了飢餓而受苦。
只是浪費時間。
嘖
沒錯！只是浪費時間。

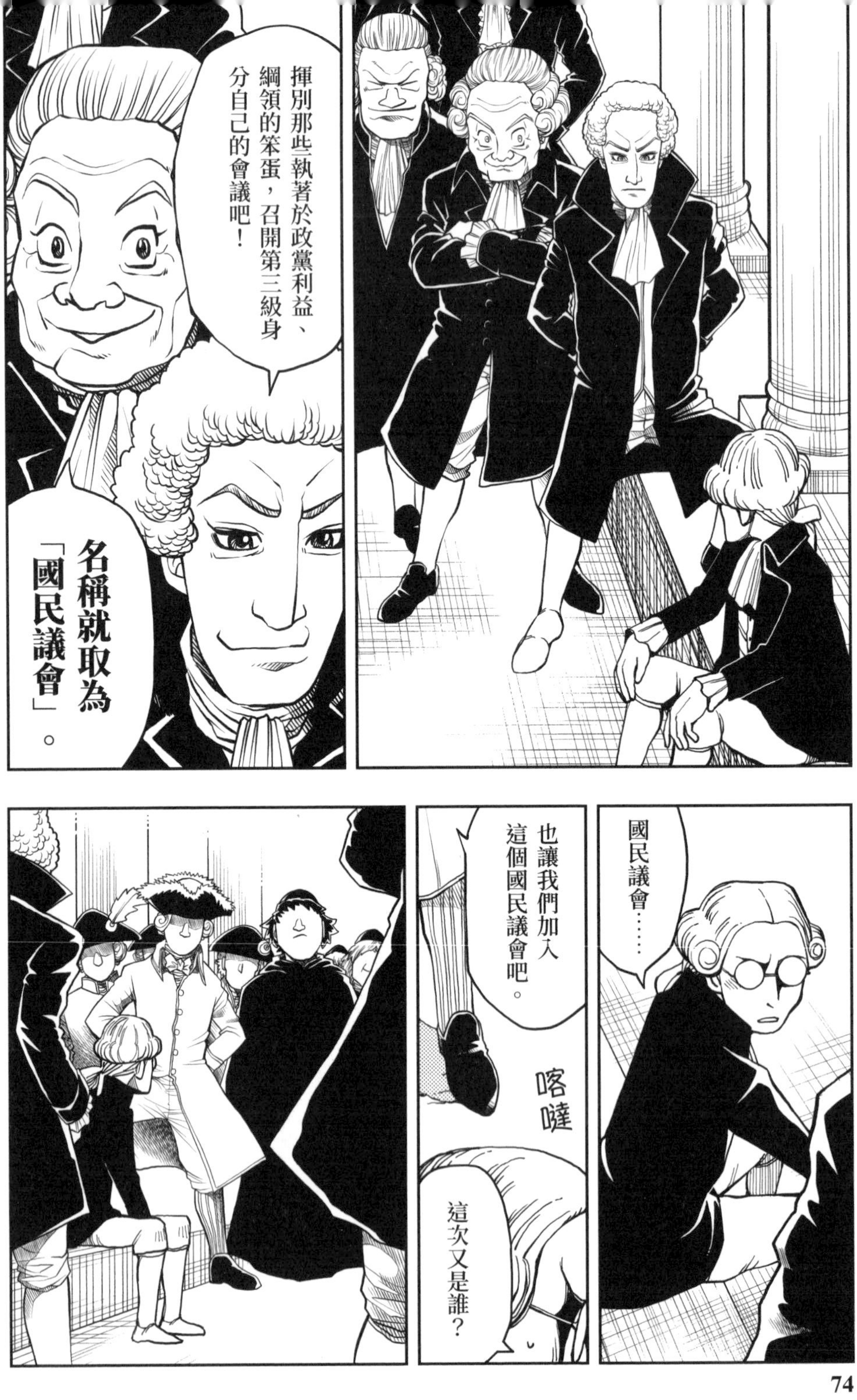
揮別那些執著於政黨利益、綱領的笨蛋，召開第三級身分自己的會議吧！
名稱就取為「國民議會」。
國民議會……
也讓我們加入這個國民議會吧。
喀噠
這次又是誰？

咦!?
特權階級為何想加入？
同樣的身分，地位也有高低之差。
即使立場不同，但我等與你們第三級身分的人也有同樣的感受。
好！
我們就在這個國民議會上制定我們法國的憲法，
呈請國王陛下承認。
三種身分於此團結。

特權階級之中有不少人
加入第三級身分的國民議會。
喀鏘
陛下，
現今的主導權已在第三級身分者手中。
我想，是否該盡可能地對他們讓步。
內克爾財務大臣，
你的意思是要否定我這個國王的政治權限嗎？
不！我不是這個意思。

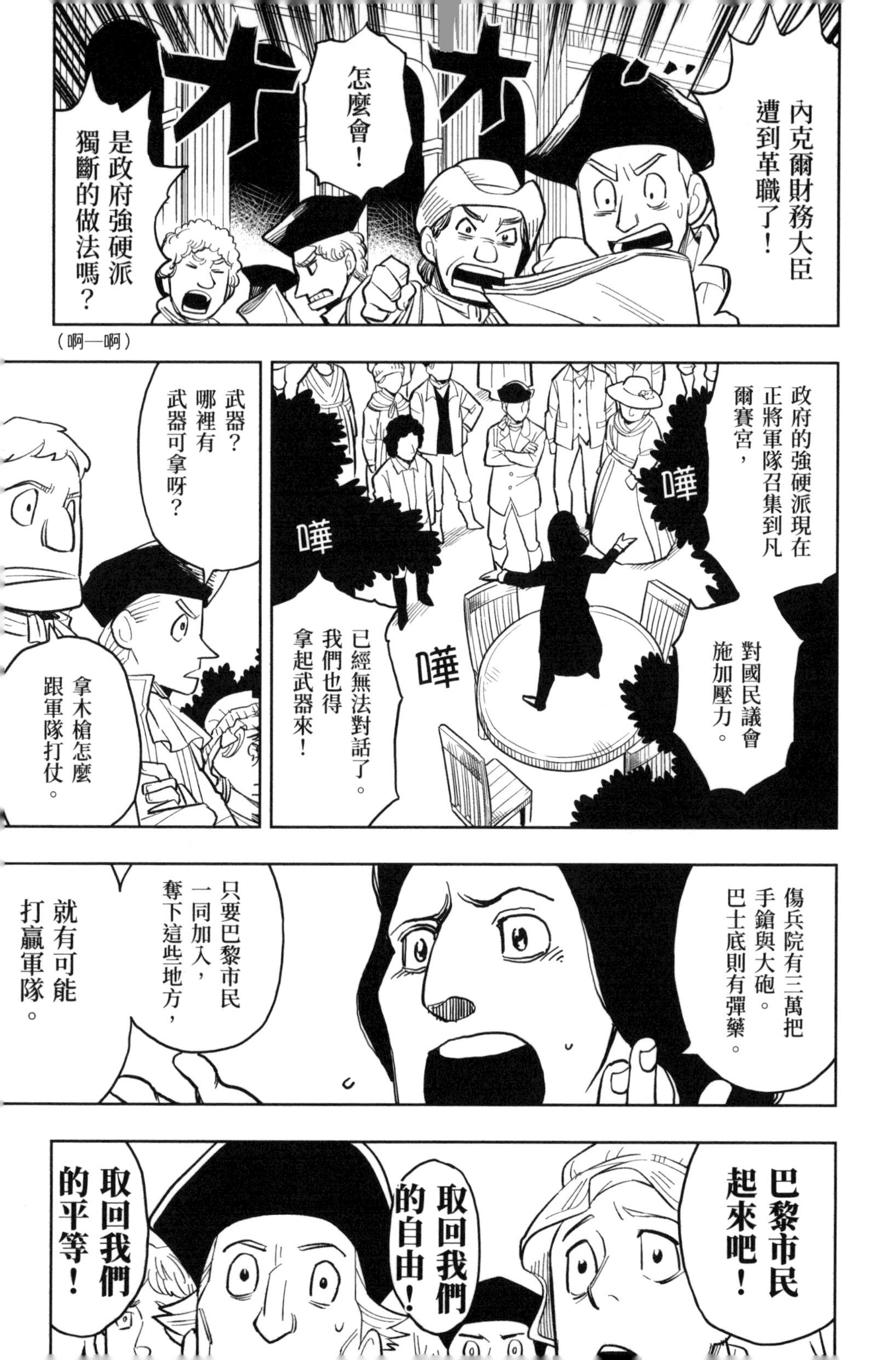

內克爾財務大臣遭到革職了！
怎麼會！
是政府強硬派獨斷的做法嗎？
（啊—啊）
政府的強硬派現在正將軍隊召集到凡爾賽宮，
對國民議會施加壓力。
嘩
嘩
嘩
已經無法對話了。我們也得拿起武器來！
武器？哪裡有武器可拿呀？
拿木槍怎麼跟軍隊打仗。
傷兵院有三萬把手銃與大砲。巴士底則有彈藥。
只要巴黎市民一同加入，奪下這些地方，
就有可能打贏軍隊。
巴黎市民起來吧！
取回我們的自由！
取回我們的平等！

(哦哦哦哦哦！)

凡爾賽宮
外面暴動了！
巴黎市民衝向傷兵院和巴士底監獄。
巴士底？
嘩
巴士底是設有大砲的要塞啊！
嘩
這不就會有人死傷了？
對於毫無進展的議會，
民眾的不滿已經達到頂點……
嘩
嘩
再受到內克爾被罷免的刺激。
嘩

政治改革該靠各方討論而非暴力。
然而，如果能夠讓政府動起來的話……
巴士底監獄
嗚哦　哦　哦
嗚哦哦哦哦哦哦哦
咚！
等、等等……

啊啊啊
典獄長在這裡！
典獄長，交出彈藥。
你打算選擇哪種死法？
五馬分屍？
斬首？絞刑？

咦，我嗎？
我記得，你本來是個廚師對吧？
應該很會分解肉塊吧。
那就殺了他！
殺了他吧！讓我們看看你身為廚師的手藝。
這……切人肉的話豈不是要致人於死？
這一刀將成為法國歷史上的豐功偉業！
去吧，成為英雄吧!!

群眾經過興奮狀態，成為受到暗示指引而行動的傀儡。
在渲染誇大的善惡基準之下，即使是犯法之事，也會變成正義。
我砍下了巴士底監獄典獄長洛奈的頭！
致我以勳章吧！
巴黎的狂熱快速地燒遍了法國各地。

嗚
哇
哇
哇
燒吧燒吧，把地主的房子全都燒掉！
把借條當票什麼的全都燒掉！
就是這一張紙害死了我孩子的母親嗎!?
嘩嘩
呃！好痛……痛。
去死吧！
死吧！
嘩
嘩嘩
砰！
那些佃農，竟然讓情勢變成如此這番……
主人，馬車準備好了！
全國都是如此，看來只能往國外逃了。

（嗚喔喔喔）
凡爾賽宮
嗚喔喔喔
殺掉那奢侈的王妃！
不要小看巴黎的女人！
承認我們的人權！
給我麵包！
國王要是住在巴黎就會知道大家有多餓！
給我麵包！
據說外頭聚集了七千人!?
從距離六個小時路程外的巴黎將大砲運到這兒……
喔喔喔
國民議會雖然默認這場暴動，
但還是希望別對國王陛下動手才好。

給我麵包！
給我麵包！
交出麵粉來！
陛下，軍隊已經準備好，就等您下令！
不交出麵包來，就把王妃的腸子撕裂！
革命萬歲！
嘩啊！
國王萬歲！
國王陛下將宮殿儲存的食物全都拿出來配給給百姓了。
他還是願意傾聽人民的心聲。
國王陛下搬到巴黎的宮殿來了！
國王萬歲！
這表示陛下願意支持我們的改革。

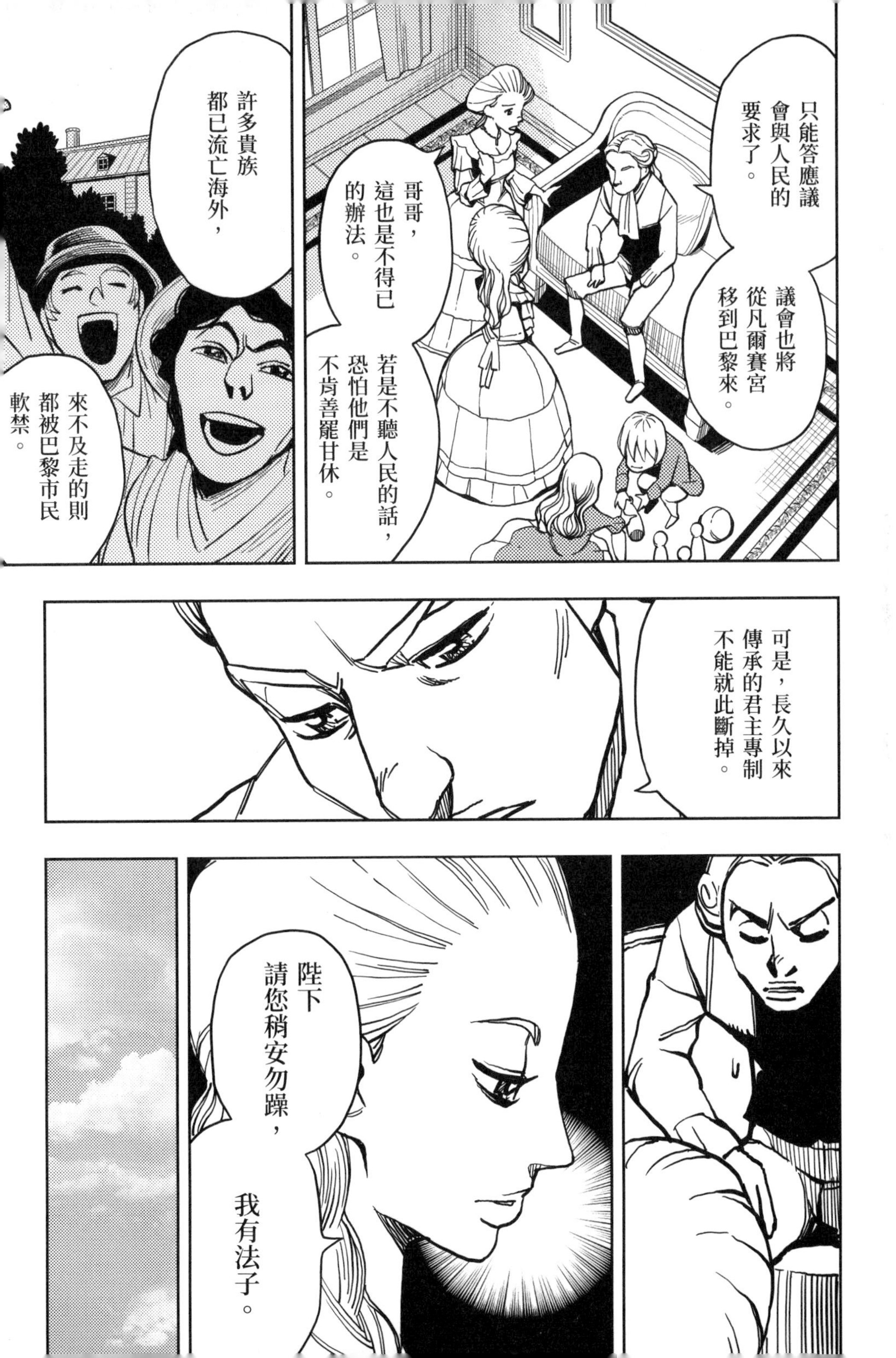
只能答應議會與人民的要求了。
議會也將從凡爾賽宮移到巴黎來。
哥哥，這也是不得已的辦法。
若是不聽人民的話，恐怕他們是不肯善罷甘休。
許多貴族都已流亡海外，
來不及走的則都被巴黎市民軟禁。
可是，長久以來傳承的君主專制不能就此斷掉。
陛下請您稍安勿躁，
我有法子。

一七九一年
六月二十二日
聽說國王要流亡海外！
砰！
什麼!?
聽說國王一家人在法奧邊境附近的蒙梅迪被發現，
變裝化身成低階貴族，模樣狼狽。
找到人了嗎？
國王決定丟下他的子民了？

哦 哦
又是那奧地利女人的野心嗎？
哦 哦
聯合外國軍隊擊潰人民革命，好讓國王重新回到王位上。
國王為了保命，拋棄了將我們這些人民！
哦哦哦
說什麼一國之父。
這傢伙根本無意在革命中給予我們力量!!
這樣的國王我們不需要!!
爸爸，好可怕喲。
別怕啊，夏爾。

至今小報上大多是關於王妃的醜聞，
從未見過侮辱國王陛下的內容。
然而這次陛下的威嚴已一敗塗地。
哦哦哦
要求廢除王位的趨勢已停不下來。
國王背叛了我們！

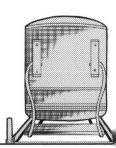

一七九二年九月
國民公會會場
嘩
嘩
共和制
終於開始了！
嘩
廢除王政、
廢除封建特權，
經由普選
選出的議員，
樹立了
國民公會……
法國終於不再是由
國王、而是國民作
主的國家了。
沒錯。
太好了！
哥哥。
這麼一來
您就能在議會上
出人頭地了！
國民公會
不也是由
您命名的嘛。
名稱很重要。
甚至說是最重要
的也不為過。

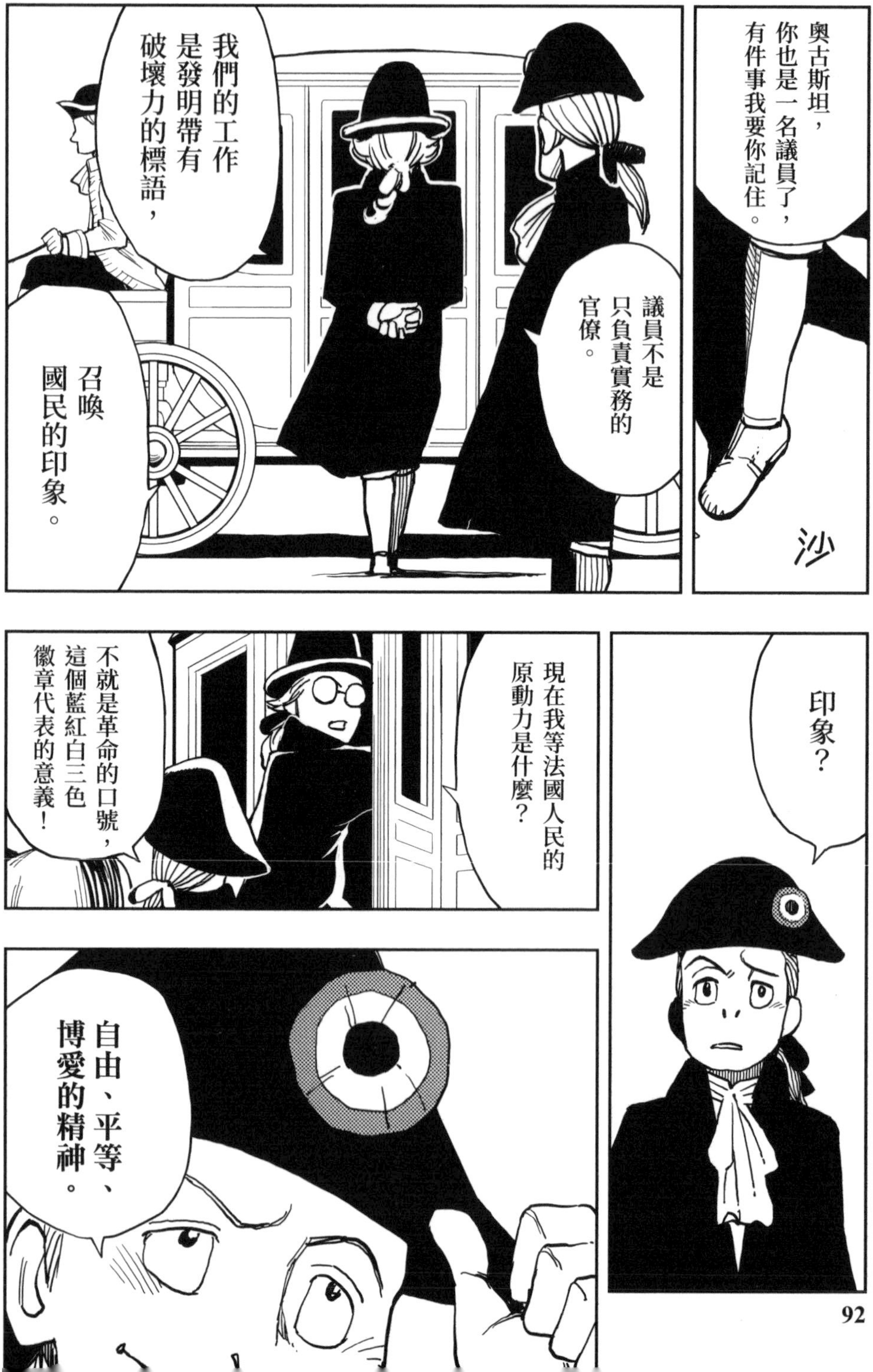
奧古斯坦，你也是一名議員了，有件事我要你記住。
沙
議員不是只負責實務的官僚。
我們的工作是發明帶有破壞力的標語，
召喚國民的印象。
印象？
現在我等法國人民的原動力是什麼？
不就是革命的口號，這個藍紅白三色徽章代表的意義！
自由、平等、博愛的精神。

自由、平等、博愛
很好！
聽來是能讓人民輕易屈服於統治者的好標語。
對民眾而言，越簡潔、曖昧的口號，影響力就越大。
現在在國界與敵國奮戰的義勇兵可以如此奮不顧身，就是受到
名譽、犧牲小我和愛國心這些不著邊際的偉大形象影響。
人只要在群體中，就容易陷入被無意識控制、
批判能力麻痺、輕易接受暗示的狀態。
在暗示的指引下，
膽小鬼也可以變成英雄，紳士也會變暴徒。

一切都和語言的力量有關。
喀噠
喀噠
喀噠
喀噠
對國王的審判很快就要開始了。
被廢黜的路易十六世現今
也只是平民路易·卡佩了。
他們一家子都被監禁在聖殿塔。
雖然民間也有人認為應該將背叛國家的路易十六處死，
然而正在革命中的法國目前仍與週邊君主國家交戰，
因此有另一派主力意見認為應保住國王一家，做為外交的籌碼。

不只國王，等待解決的問題還堆積如山。
此次因推倒王政而逐漸壯大的政治勢力
是富有的中產階級。
喀噠
喀噠
喀噠
要是被那些做他們走狗的政客的語言所操弄，
恐怕只會建立另一個屬於有錢人的王政，窮人還是得繼續被壓榨。
善良的人民會在統治者的暗示下做出錯誤的判斷。
所以我要以暗示的方法來引導民眾。
奧古斯坦，
這件事很重要，所以我再說一次，

相較於哲學，政治家首先要
搞懂的是心理學……
語言的技術。
一七九三年一月二十一日
耳語 耳語
革命廣場
靜 默

接著對於路易·卡佩的處置，將以一人一票的方式決定。
緩刑
死刑
死刑
死刑
國王陛下，您的存在已不再是「理所當然」，
若您自稱是國民之父，為了國家，就該獻出性命。

被拿來做為議論目標的威嚴就已稱不上是威嚴。
死刑
靜——

咔嚓
路易十六
在斷頭台上
遭到處刑
享年三十八歲
……
私語
私語
……萬歲

嘩啊
共和國萬歲
自由
啊啊
平等
博愛萬歲！
國王已死，
下一個就是王妃！
那個在我們的孩子飢餓不堪時，仍夜夜笙歌的奧地利女人！
嘩啊啊啊
共和國萬歲！
共和國萬歲。

嘩啊啊
爸爸死掉了?
嗚啊啊……
爸爸……
夏爾，你父親是在不實的指控下而死。
……但他說「我們不能恨任何人」。
不要忘了你父親最後的這句話。
嗚……啊啊啊
夏爾……
啊啊

路易十七
國王陛下
國民公會　議場
流亡的貴族或是國內的保皇派都視
路易十七為現今的法國國王，
再加上聖殿塔*的危機管理問題，
我們必須審議剩下的王室成員今後的待遇。
……
要維持威嚴，重要的要素便是「保持常勝」。

*囚禁路易十六一家人之處。

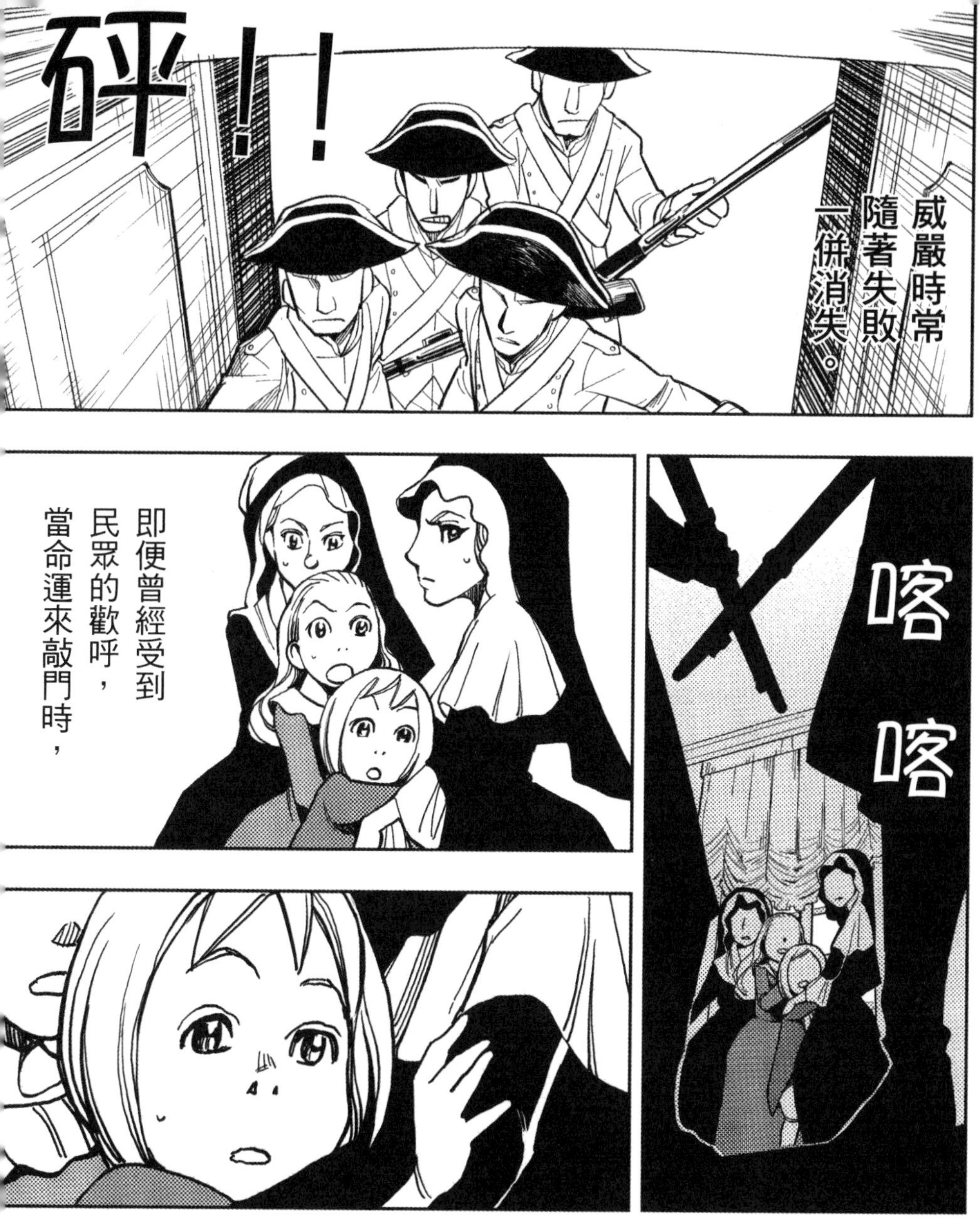
砰!!
威嚴時常隨著失敗一併消失。
喀喀
即便曾經受到民眾的歡呼，當命運來敲門時，

隔天也會受到同一群民眾的羞辱。

真適合您呢，夏爾王子，怎麼看都是共和國的國民。
哈哈哈
我呢，是負責您的教育課程的鞋匠西蒙
身為共和國的國民，必須要接受再教育，這是國民公會的決議。
王政已經結束，不過，還是有屬於您的將來。
吃飯、著裝、洗澡、打掃，
一切都在這個房間裡，由您自己動手去做。

沒有玩具嗎？
也不能去庭院裡玩？
不可以走出這個房間。
只有送餐來的時候門才會打開。
還有，不巧這個房間裡沒有廁所，
你就自己找地方解手，再用水桶裡的水大致沖洗一下。
咦？
聽到了嗎？
……是。
太小聲。
聽到了嗎？
(啪！)

聲音
太小了！
哼！
怎麼，父母都不曾這麼打過你，覺得很痛苦是吧。
告訴你不要妄想！現在開始把過去那些
愛的教育、王子教育都給我丟掉！
捏捏
我要你也嚐嚐平民百姓孩子所過的地獄生活！
呃！
讓我把你教育成低賤的庶民。

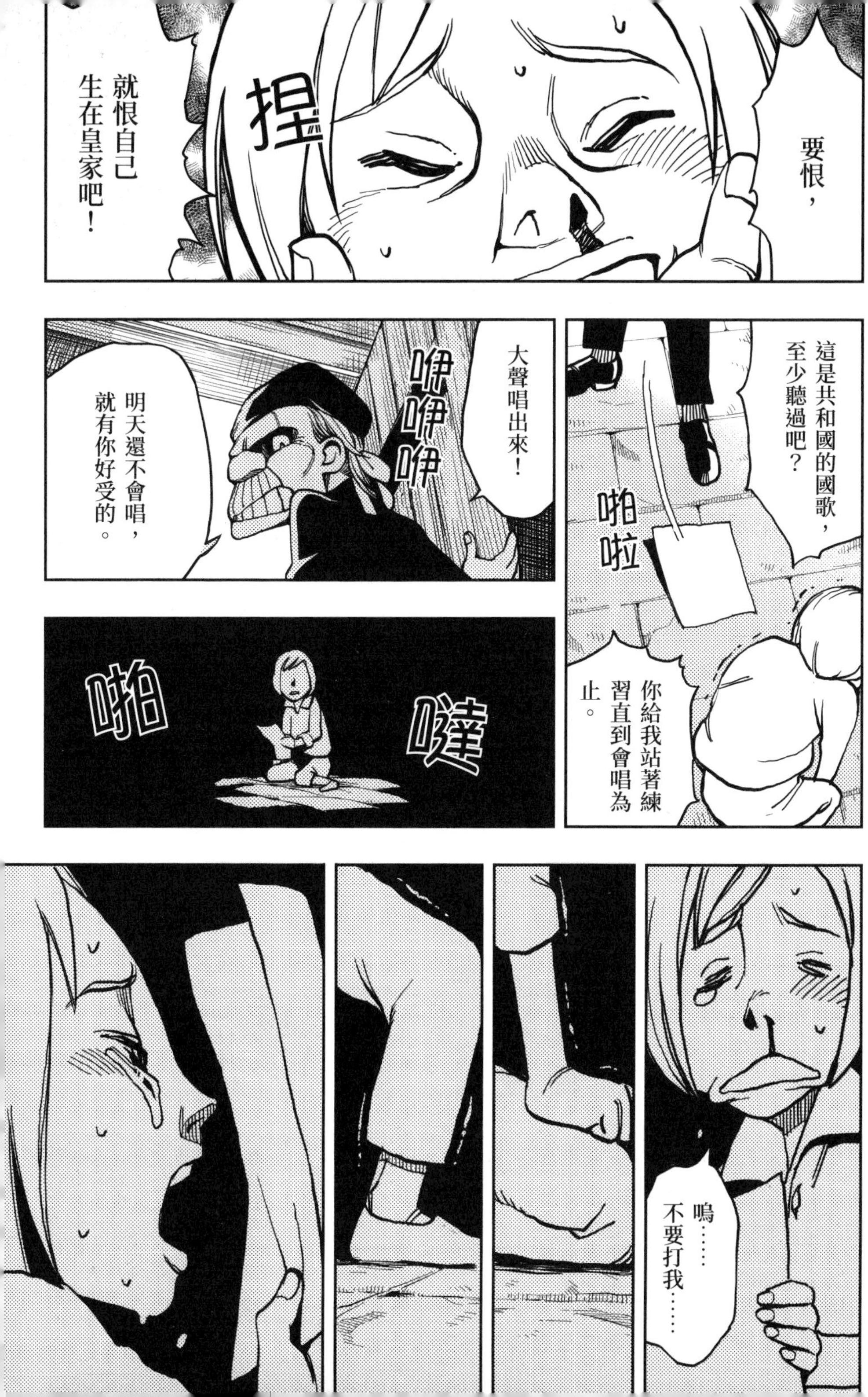
要恨，
捏
就恨自己生在皇家吧！
這是共和國的國歌，至少聽過吧？
啪啦
你給我站著練習直到會唱為止。
大聲唱出來！
咿咿咿
明天還不會唱，就有你好受的。
噠
啪
嗚……
不要打我……

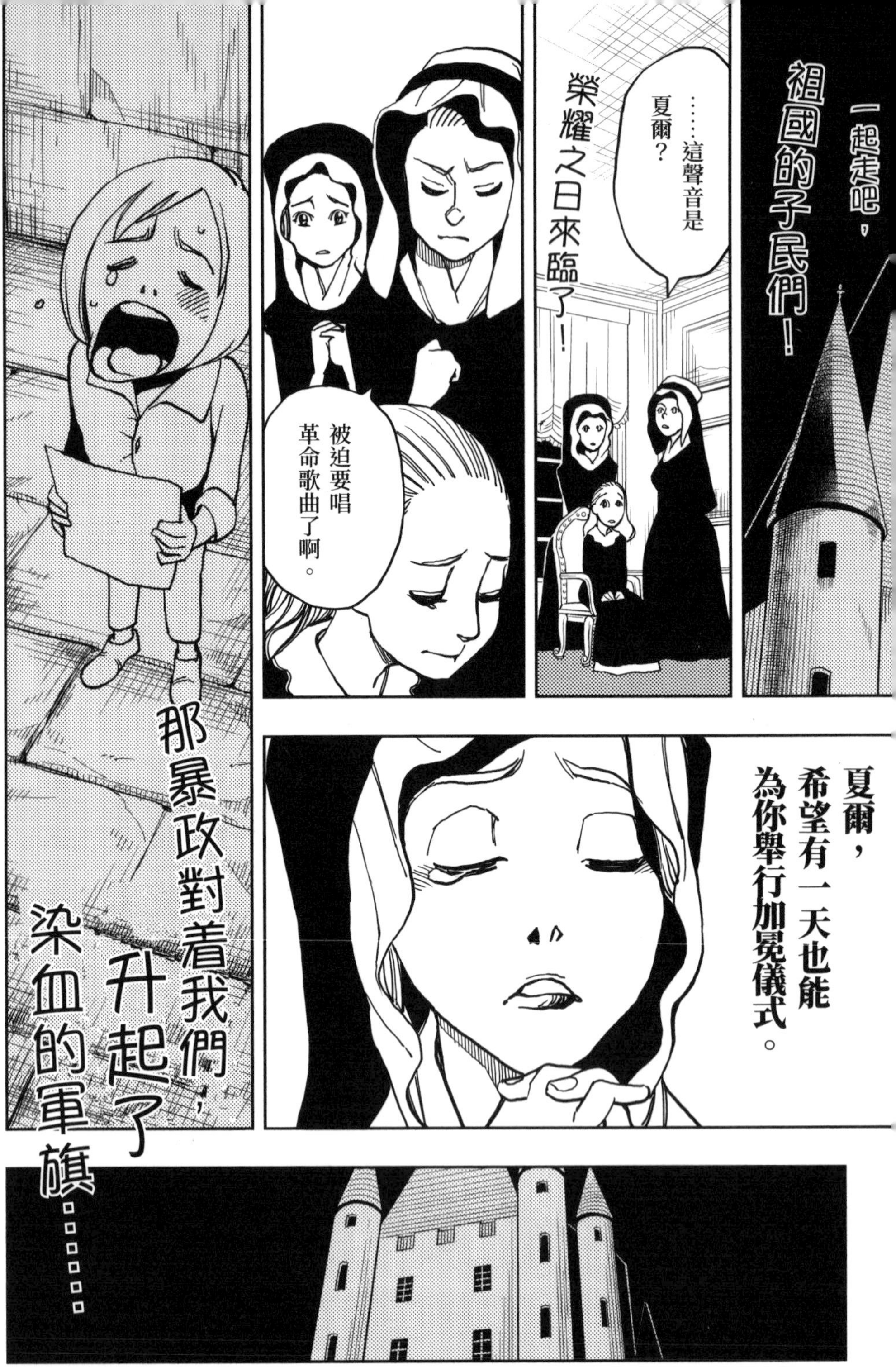
一起走吧，
祖國的子民們！
……這聲音是夏爾？
榮耀之日來臨了！
被迫要唱革命歌曲了啊。
那暴政對着我們，
升起了染血的軍旗……
夏爾，希望有一天也能為你舉行加冕儀式。

* 十八 世紀末法國大革命時革命者所唱的「馬賽曲」（La Marseillaise）。

夏爾王子的再教育進行得可順利？
Le Père Duchesne
嗯，西蒙正努力教他。
左翼新聞
《杜薛斯涅神父報》
倒是王妃這邊的審判看來進行得不怎麼順利呢。
嗯，還真難纏。
過去如此奢侈……私下又與她的故鄉奧地利聯手、煽動我國內亂，
這些嫌疑都可求處死刑，
然而她卻遲遲不肯認罪。
看來需要更具決定性的罪狀才能逼她承認。

就讓我的報導將她送上斷頭台吧。
振筆急書
得是世間輿論可以接受、又具有震憾效果的報導。
今後的時代，報紙就是民眾的導師。
民眾已沒有思考能力，
除了每日生活必要的事情外，什麼都不去想。
所以是怎樣的報導呢？
已經準備好了。
因此就由報紙提供意見給讀者，
替他們省去思考的麻煩。
振筆急書
然後，不久的將來，我就會是操控這個國家政治的
意見領袖。
代理檢察官・報紙發行人
埃貝爾＊

＊雅克・勒內・埃貝爾（Jacques Hébert），法蘭西大革命時期的記者。

埃貝爾，送到了。
噠噠
印好了嗎！好，快拿去巴黎市中心去發送吧。
咔沙
群眾的直覺反應動得比他們的腦子快。
呵呵呵
和無趣的真相相比，有魅力的謊言散布得更快。
不錯、不錯，寫得真不錯。
這就是左翼新聞真正的價值所在！
你看到那則新聞了嗎？
嘩嘩
你看看這個！就算是我，也無法繼續支持擁護。
這可是天理不容的事啊。
嘩嘩
嘩嘩
別說皇家，只要同樣身為人便無法原諒，
這女人比我想像中的更噁心。

啊……太可怕了。
一個母親竟會如此虐待自己的兒子！
會遭天譴的……
現在開始，開庭。
被告瑪麗·安東尼上前來。
嘩嘩
嘩嘩
嘩嘩

庭上，
埃貝爾代理檢察官
我請求將被告求處死刑。
如同連日的新聞報導所言，
被告教她的兒子夏爾自慰，
還強迫他與自己近親相姦。
這種違反倫理的重大犯罪，
其動機已經顯露出可怕的政治野心。

被告還與王妹伊莉莎白夫人共謀復辟王朝，
只要坐上王位的是自己的兒子，
她就能以噁心的淫蕩手段操控。
啊啊，孩子是無辜的啊。
不是才八歲嗎？
就這麼想要掌握權力嗎？
嘩嘩
嘩嘩
嘩嘩
這些指控我一概否認。
這樣的指控，對於一名母親而言未免太不自然。
嘩嘩
我請求旁聽席的所有母親評評理。

況且有誰能作證？
您可曾親眼目睹過!?
哼！這個奧地利女人，搞錯方向了。
這可不是講理就行得通的，
是為了將妳送上斷頭台的審判啊。
群眾會輕信他人所言，並加以誇大，
口耳相傳的疑惑很快就能取代事實。
對於自己認同之事會誇張地、有如對神明般地崇拜；
對於無法接受之事則立刻認定為非我族類。

對於普遍希望建造新國家的民眾而言，你們光是存在就足以被憎惡，
對群眾來說，過去所屈服的威嚴越偉大，其反作用便是對於過去統治者毫不留情的復仇。
不過妳放心，
我們已經替王子找好家庭教師了。
呵呵呵，沒錯，
就是這樣。

夏爾，
你做得很好。
今天開始
我就是媽媽喔。
請了嫻熟的
妓女來教他呢。
呃
咕嚕
咕嚕
咕嚕
呃
嘔——

你說，是不是媽媽教你做那些壞事呢？
叔叔不會生氣，你就乖乖承認，在這張紙上簽名吧。
抖
就是你一直偷偷在做的那件事！
抖
不是媽媽……
看來這個混蛋王子喝得還不夠呢。
嘻嘻嘻
屈屈一個小鬼，酒量竟然這麼好。
喝吧喝吧！
哇哈哈哈
不準吐！
吐了就把你送上斷頭台！

嘔——
咳！
嘔——
呃——
嗚～～
嗚～～
咦！主席大人
是王子啊。
卡佩陛下，
請在這張紙上簽名。

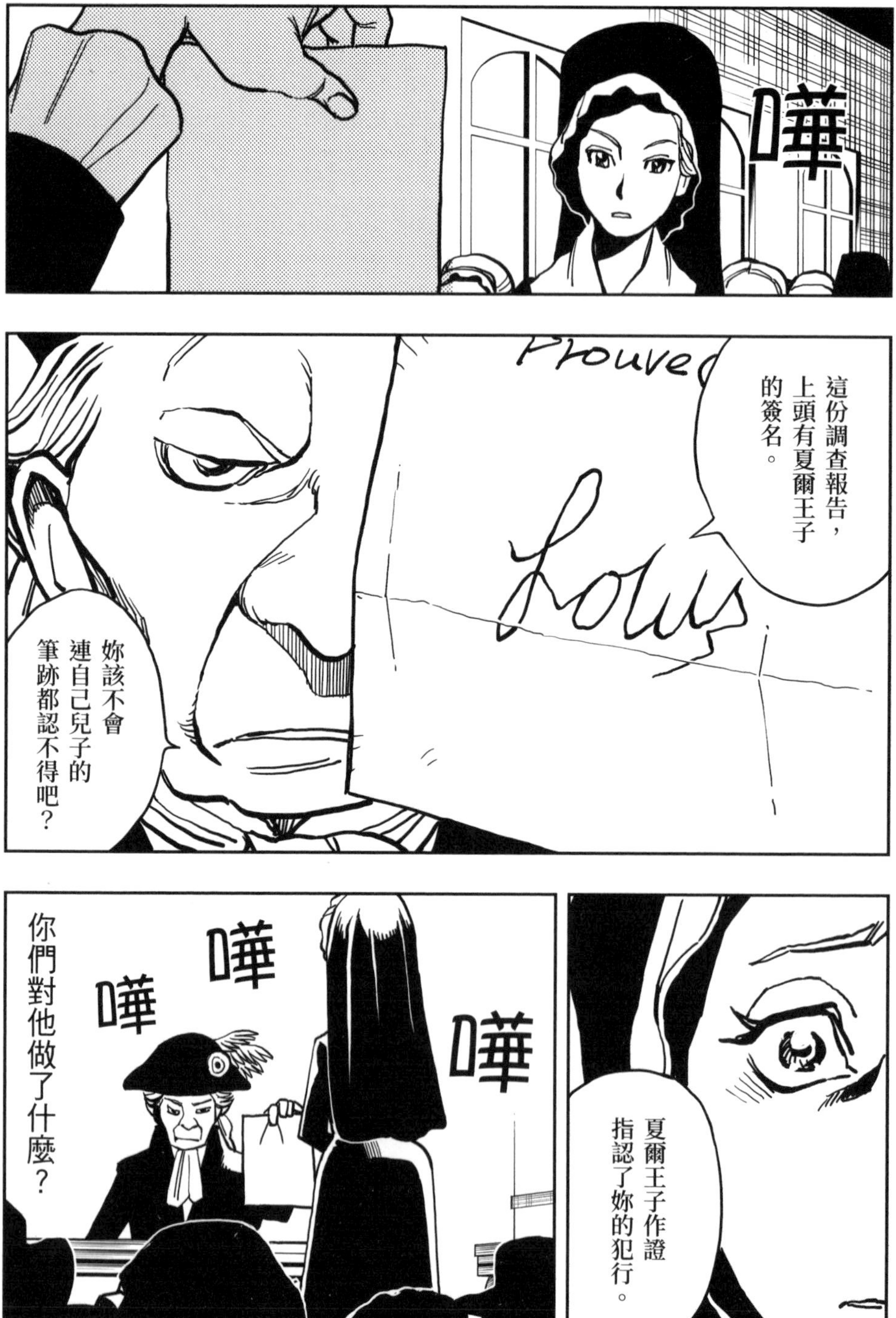
嘩
這份調查報告，上頭有夏爾王子的簽名。
妳該不會連自己兒子的筆跡都認不得吧？
夏爾王子作證指認了妳的犯行。
嘩
嘩
嘩
你們對他做了什麼？

我可憐的夏爾……
我不承認。
嘰——
嘰——
來吃飼料，哦不，是吃飯吧。
噠
喀
不好好吃飯的話就有你好看的！

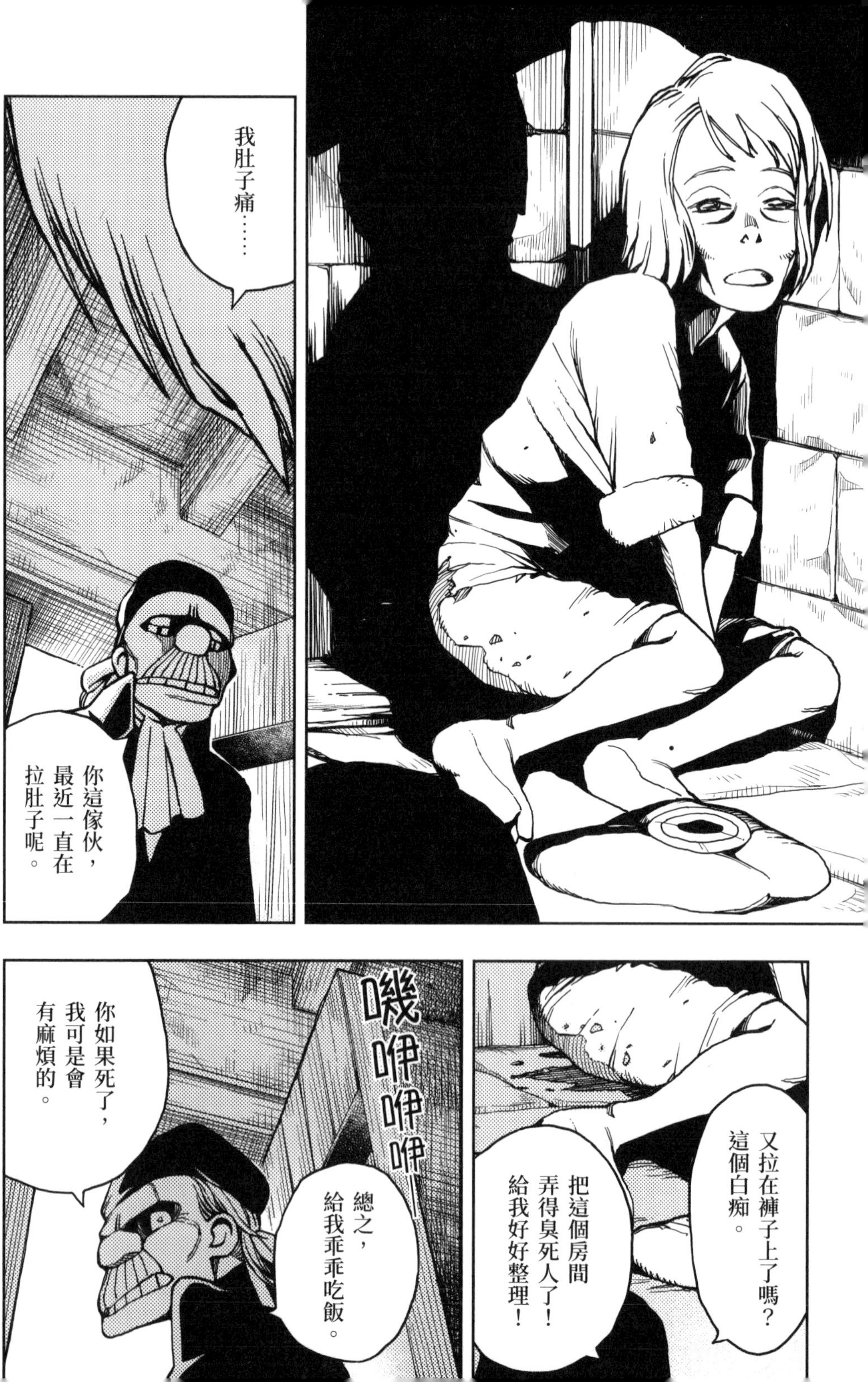
我肚子痛……
你這傢伙，最近一直在拉肚子呢。
又拉在褲子上了嗎？這個白痴。
把這個房間弄得臭死人了！給我好好整理！
嘰咿咿咿——
總之，給我乖乖吃飯。
你如果死了，我可是會有麻煩的。

啪噠！
……
沙沙
把花兒……
獻給媽媽……
沙沙
媽媽
媽媽

(嘩一啊啊啊)
砍下王妃的頭了!!
共和國萬歲
自由
博愛
平等
共和國萬歲!!
(嘩一啊啊啊)

嘩—啊啊啊
沙
國王的妹妹也死了！共和國萬歲！
嘩—啊啊啊
嘩—啊啊
嗚嗚
嗚嗚
嗚嗚
媽媽？

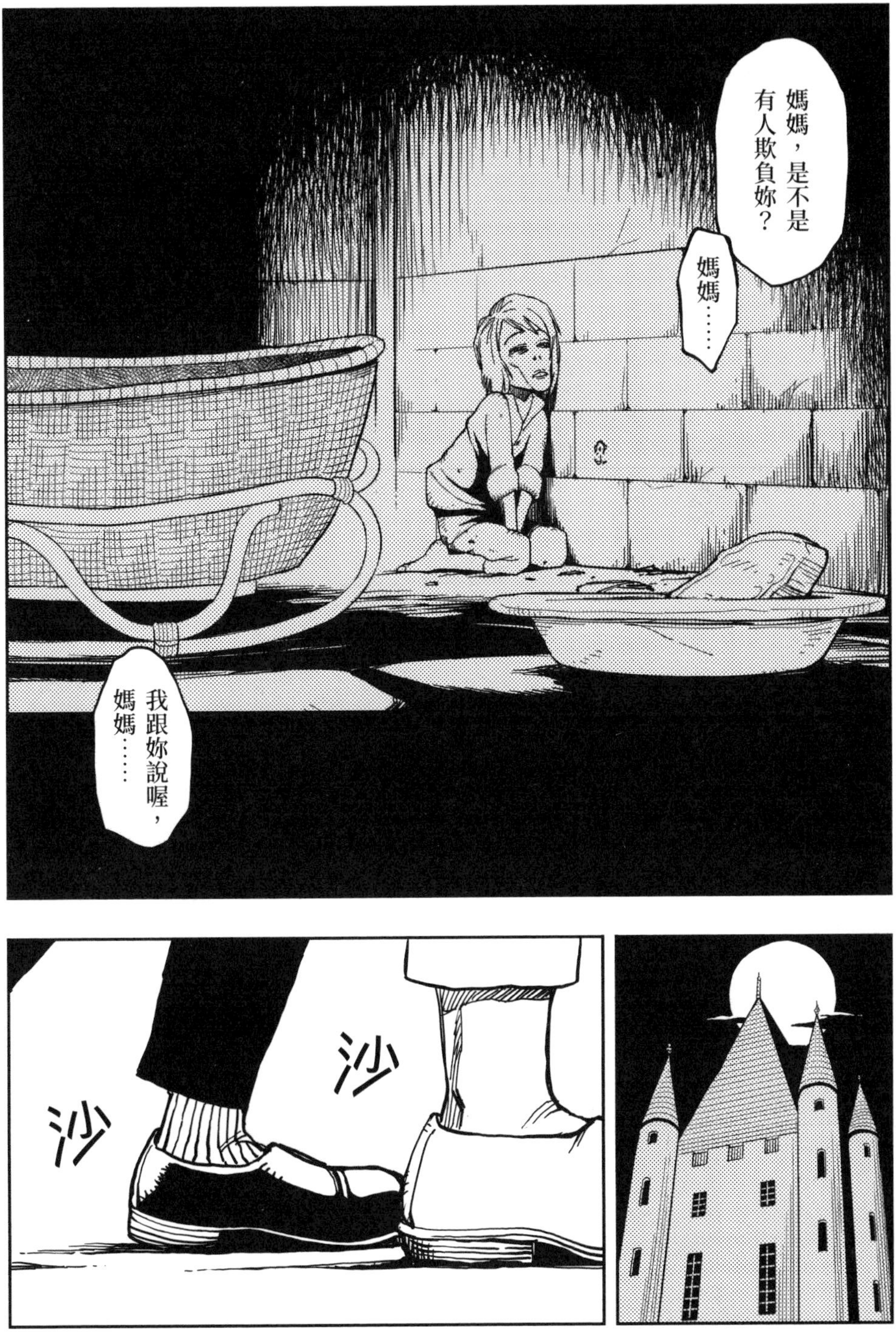
媽媽，是不是有人欺負妳？
媽媽……
我跟妳說喔，媽媽……
沙
沙

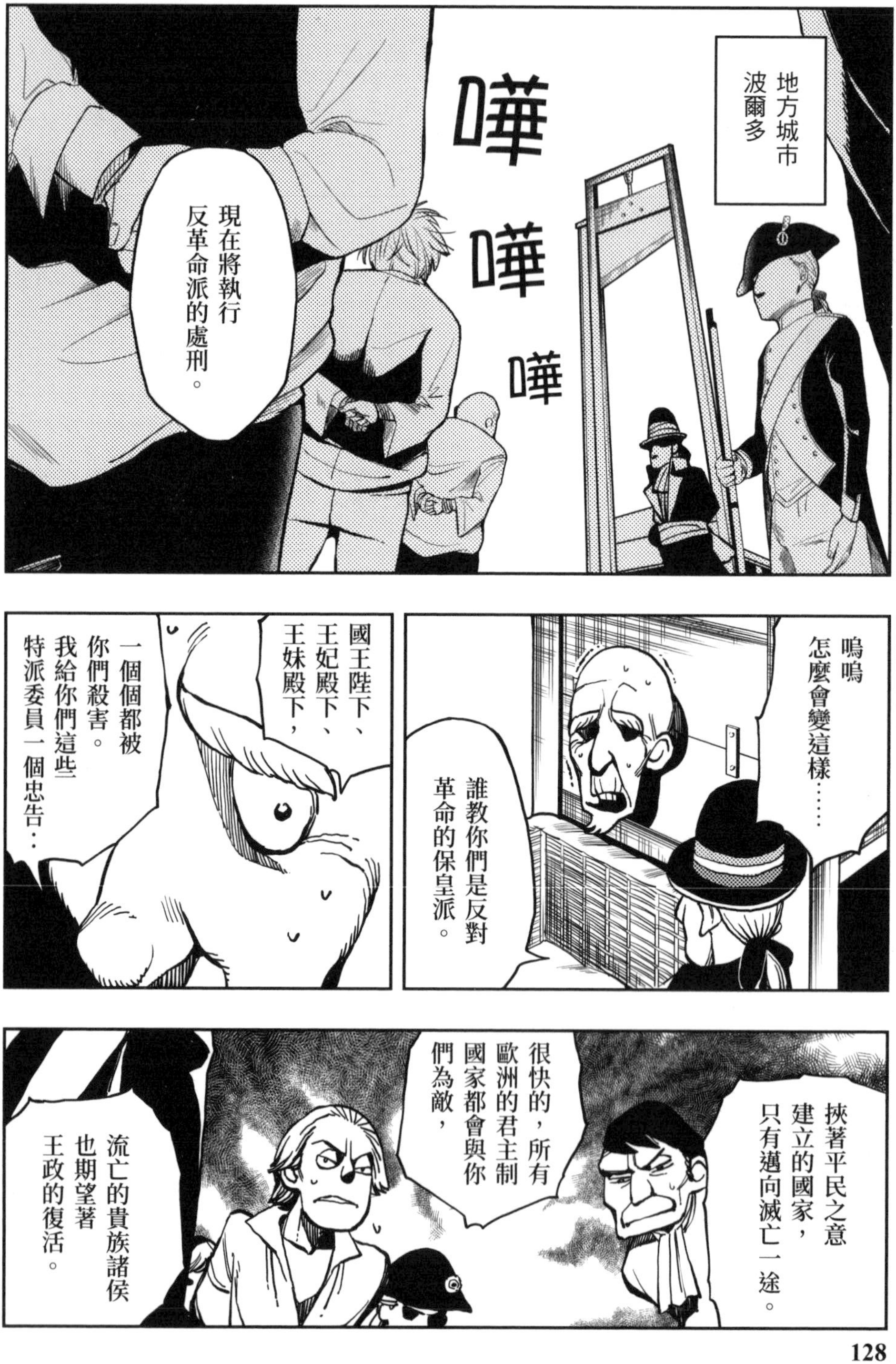
地方城市
波爾多
嘩
嘩
嘩
現在將執行
反革命派的處刑。
嗚嗚
怎麼會變這樣……
誰教你們是反對
革命的保皇派。
國王陛下、
王妃殿下、
王妹殿下，
一個個都被
你們殺害。
我給你們這些
特派委員一個忠告…
挾著平民之意
建立的國家，
只有邁向滅亡一途。
很快的，所有
歐洲的君主制
國家都會與你
們為敵，
流亡的貴族諸侯
也期望著
王政的復活。

已經持續好幾個世紀的傳統不會這麼簡單就被打倒。
國王萬歲！
你現在不也是平民嗎？
頑固的傢伙！
⋯
巴黎市內
嗯⋯

埃貝爾先生，下次發報的新聞進展得如何了呢？
嗯……
即使沒有那個奧地利女人的新聞來吸引讀者，
有何打算？反革命派的陰謀與叛亂
阻撓革命的對法大同盟與亡命貴族的祕密集會
全國各地特派委員的風流軼事
新題材還是多得不得了，好難選擇。
讀者關心的應該還是巴黎的政局吧？
現今的輿論足以撼動政治，就來一則順應它的新聞吧。
那不就該來寫那位「清廉之士」了嗎！

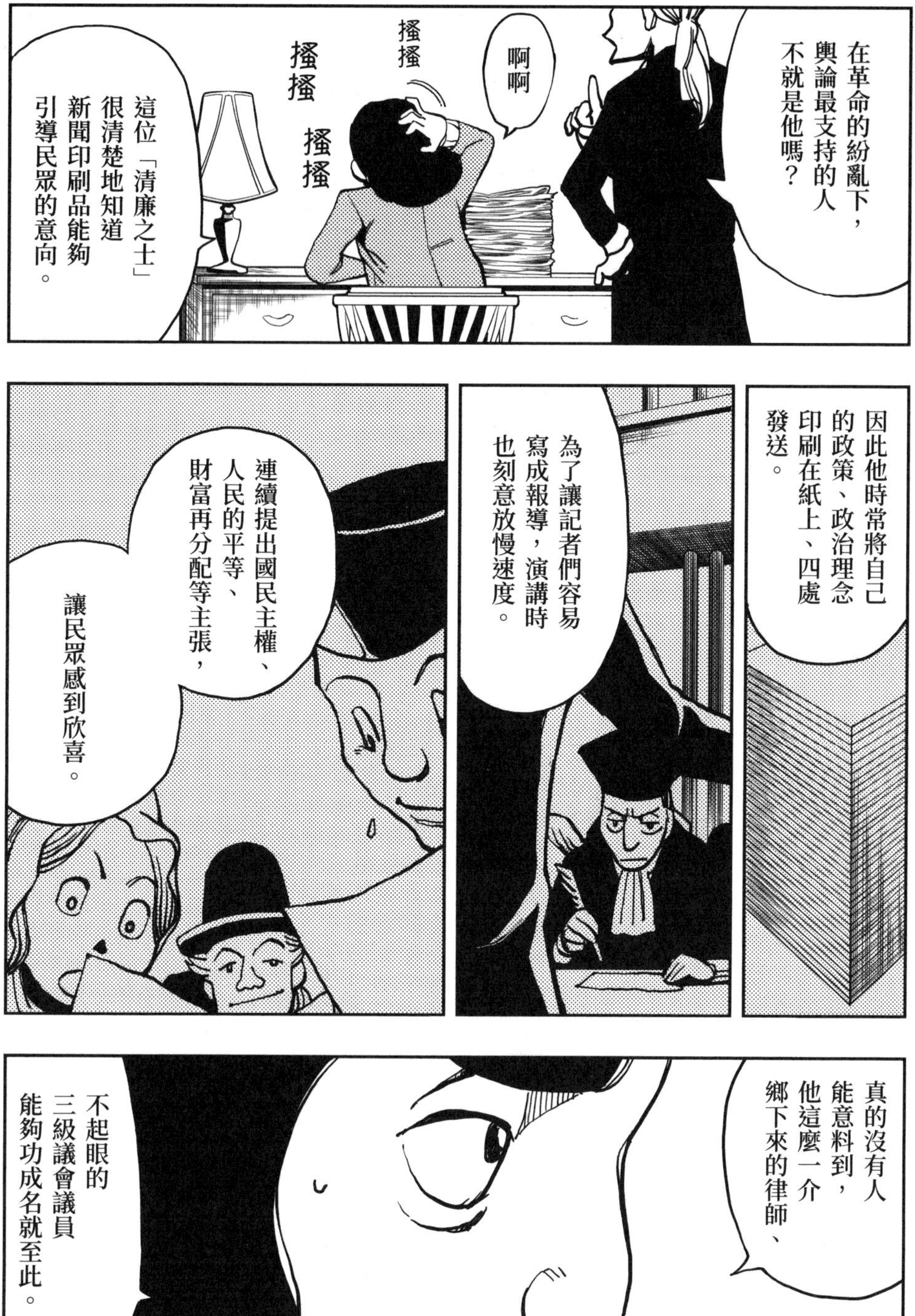
在革命的紛亂下，輿論最支持的人不就是他嗎？
啊啊
搔搔
搔搔
搔搔
這位「清廉之士」很清楚地知道新聞印刷品能夠引導民眾的意向。
因此他時常將自己的政策、政治理念印刷在紙上、四處發送。
為了讓記者們容易寫成報導，演講時也刻意放慢速度。
連續提出國民主權、人民的平等、財富再分配等主張，
讓民眾感到欣喜。
真的沒有人能意料到，他這麼一介鄉下來的律師、
不起眼的三級議會議員能夠功成名就至此。

這是今日處決的反革命份子的名單。
辛苦了。
但是應該肅清的不只是保皇派的那些傢伙，
我聽說派遣到各地的委員之中，
也有不少為私利私欲而接受賄賂，
或是濫用職權，將善良百姓送上斷頭台的。
這些帶著愛國者假面的腐敗委員都該送上革命法庭，殺雞儆猴。
我明白了，會徹底監視這些人。
羅伯斯比爾
公安委員會長

所謂文明
是不同出身、信仰、
語言的人們，

因移居、侵略等因素
偶然聚集在一起
而開始形成的……

將這野蠻的集團
整頓成一體的，
是「領導者的律法」

第三章「群眾的信念」

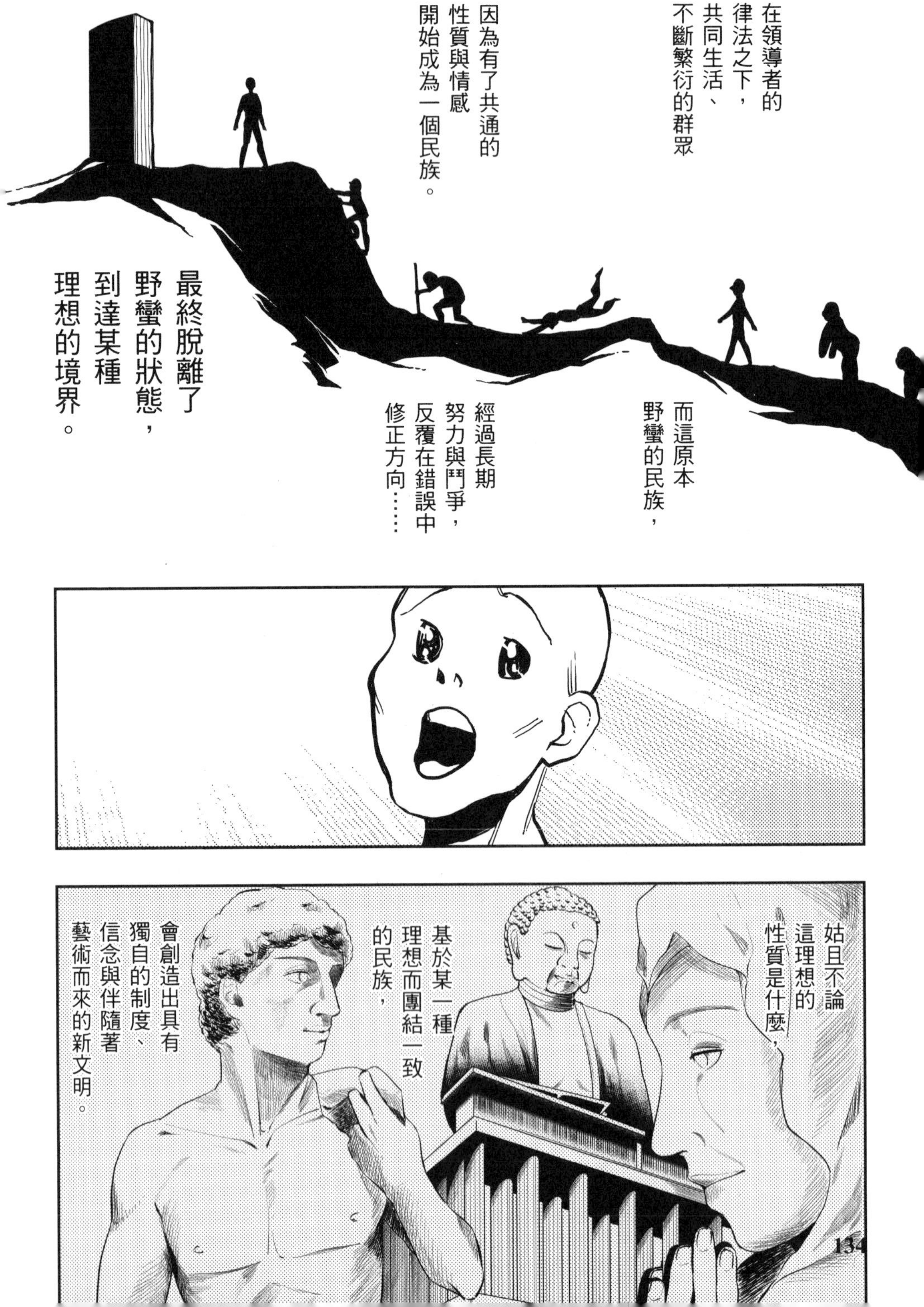
在領導者的律法之下，共同生活、不斷繁衍的群眾
因為有了共通的性質與情感開始成為一個民族。
而這原本野蠻的民族，
經過長期努力與鬥爭，反覆在錯誤中修正方向……
最終脫離了野蠻的狀態，到達某種理想的境界。
姑且不論這理想的性質是什麼，
基於某一種理想而團結一致的民族，
會創造出具有獨自的制度、信念與伴隨著藝術而來的新文明。

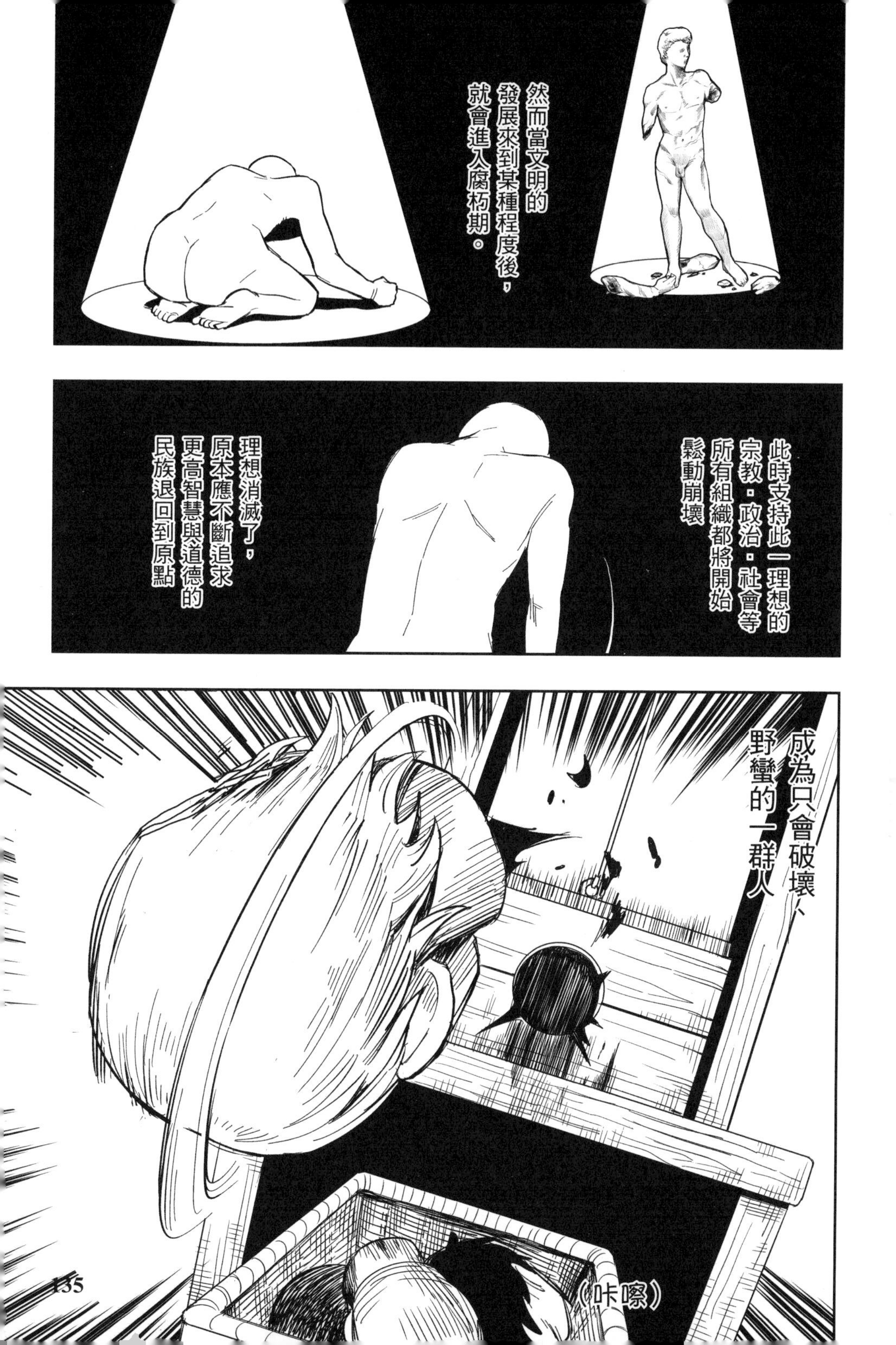
然而當文明的
發展來到某種程度後，
就會進入腐朽期。
此時支持此一理想的
宗教・政治・社會等
所有組織都將開始
鬆動崩壞
理想消滅了，
原本應不斷追求
更高智慧與道德的
民族退回到原點
成為只會破壞、
野蠻的一群人
（咔嚓）

地方城市
里昂
好，排好排好，
反革命派從這邊排到斷頭台去。
求求您，委員先生，
這是誤會啊，我不是什麼保皇派，
我是被誣陷的，
請您再次好好調查。

不接受，
當你被懷疑時，就已經注定要出局了。
今天要砍幾個人啊？
九十人。
啊，好忙啊！後面還一堆人在等，我手都痠了。
地方城市 土倫
咔嚓
這是誤會啊，請確實調查。
喀隆
咔嚓
好，下一個

說什麼誤解，你不就是不繳革命稅嗎？
不納稅就視同反革命。
哪、哪裡有這條法律？
是我剛才決定的。
各位善良的人們！不要忤逆我，
我可是從議會上獲得授權，全權處理本鎮之事。
特派委員就是絕對的律法！
巴拉斯委員
有封召您回巴黎的命令送來了。
什麼？
羅伯斯比爾要我回巴黎……

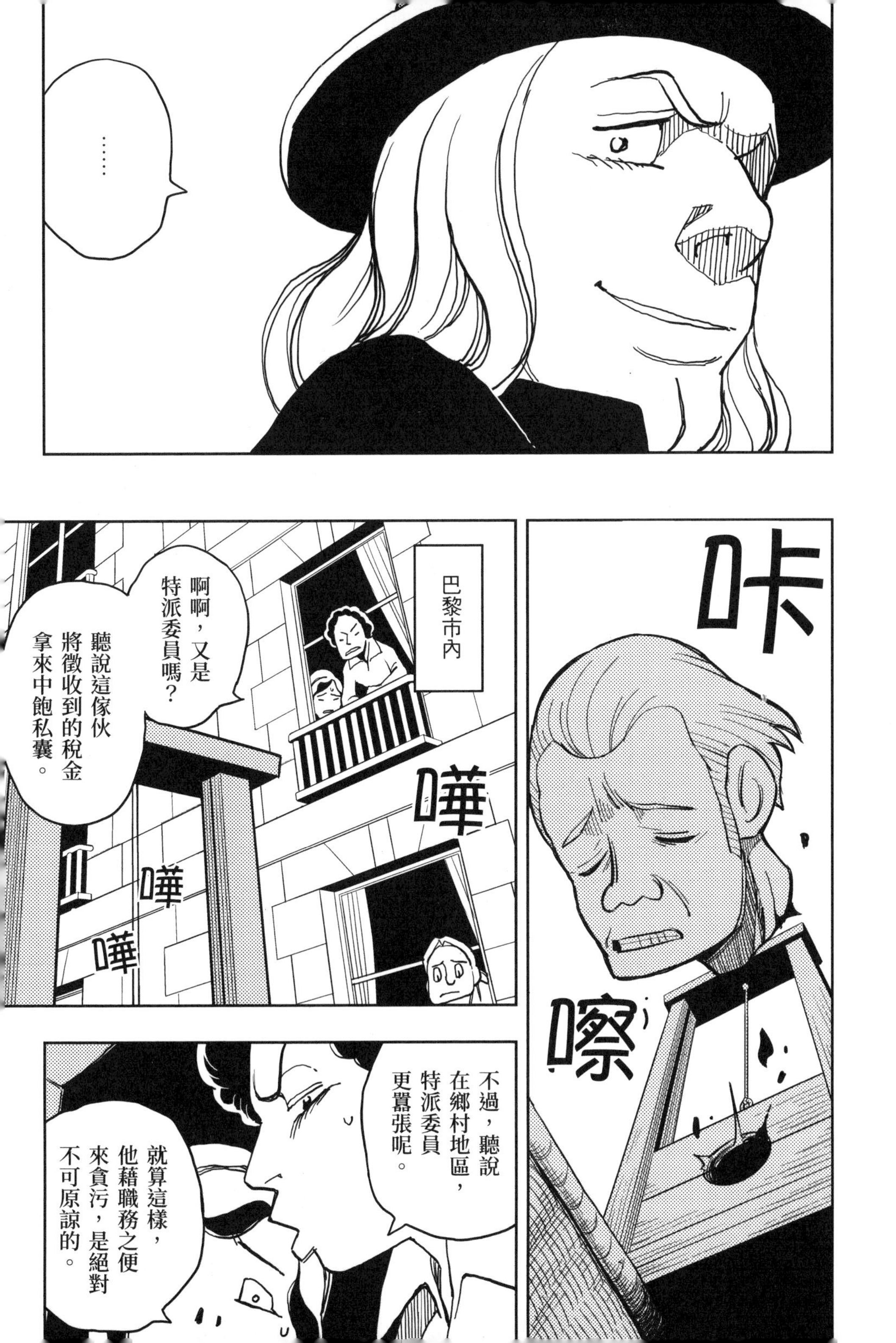
……
咔
嚓
巴黎市內
啊啊，又是特派委員嗎？
聽說這傢伙將徵收到的稅金拿來中飽私囊。
嘩
嘩
嘩
不過，聽說在鄉村地區，特派委員更囂張呢。
就算這樣，他藉職務之便來貪污，是絕對不可原諒的。

公安委員會長
羅伯斯比爾
是個對於玷污自由、平等、博愛精神的人毫不留情、格殺無論的清廉殺戮者，
在國民公會上，沒有任何一位議員敢跟他作對。
不只是反革命派或者瀆職的議員，
咔嚓
只要是在革命理想上跟他不合的人，無論是誰都會被送上斷頭台。
比方說，曾是攻陷巴士底監獄的有功人士，也是其舊時好友的德穆蘭*；
長期煽動群眾運動、極左派的埃貝爾；

* 德穆蘭 (Lucie Simplice Camille Benoist Desmoulins)，法蘭西記者、政治家。

革命的領導人物丹敦*
則因被控挪用公費
並與保皇派通敵
而遭到處刑。

* 喬治・雅克・丹敦 (Georges Jacques Danton)，法國大革命初期的領導人物。

羅伯斯比爾啊，你一定
會引導民眾照你的理想
去走吧。
因為最醉心於
你的理想的，
便是你自己。
不過，
下一個就是你了。

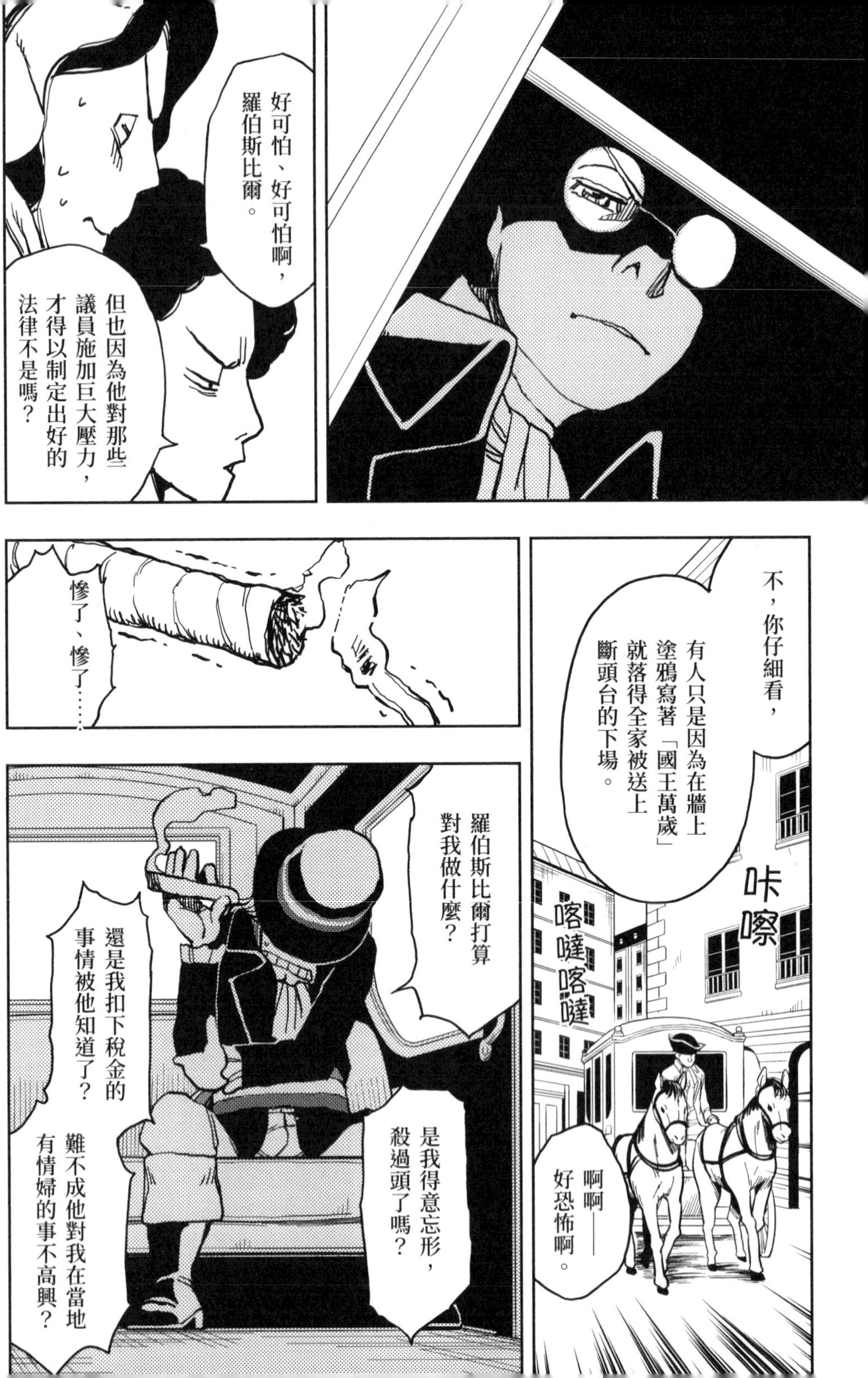
好可怕、好可怕啊，羅伯斯比爾。
但也因為他對那些議員施加巨大壓力，才得以制定出好的法律不是嗎？
不，你仔細看，
有人只是因為在牆上塗鴉寫著「國王萬歲」就落得全家被送上斷頭台的下場。
咔嚓
喀噠喀噠
啊啊——好恐怖啊。
慘了、慘了……
羅伯斯比爾打算對我做什麼？
是我得意忘形，殺過頭了嗎？
還是我扣下稅金的事情被他知道了？
難不成他對我在當地有情婦的事不高興？

糟了，真的不妙了。
怎麼辦好？他耳朵那麼硬，找藉口是行不通的。
糟了糟了，情況不妙。
國民公會議場
那麼，針對本議案，將開始一人一票表決。
贊成
贊成
贊成

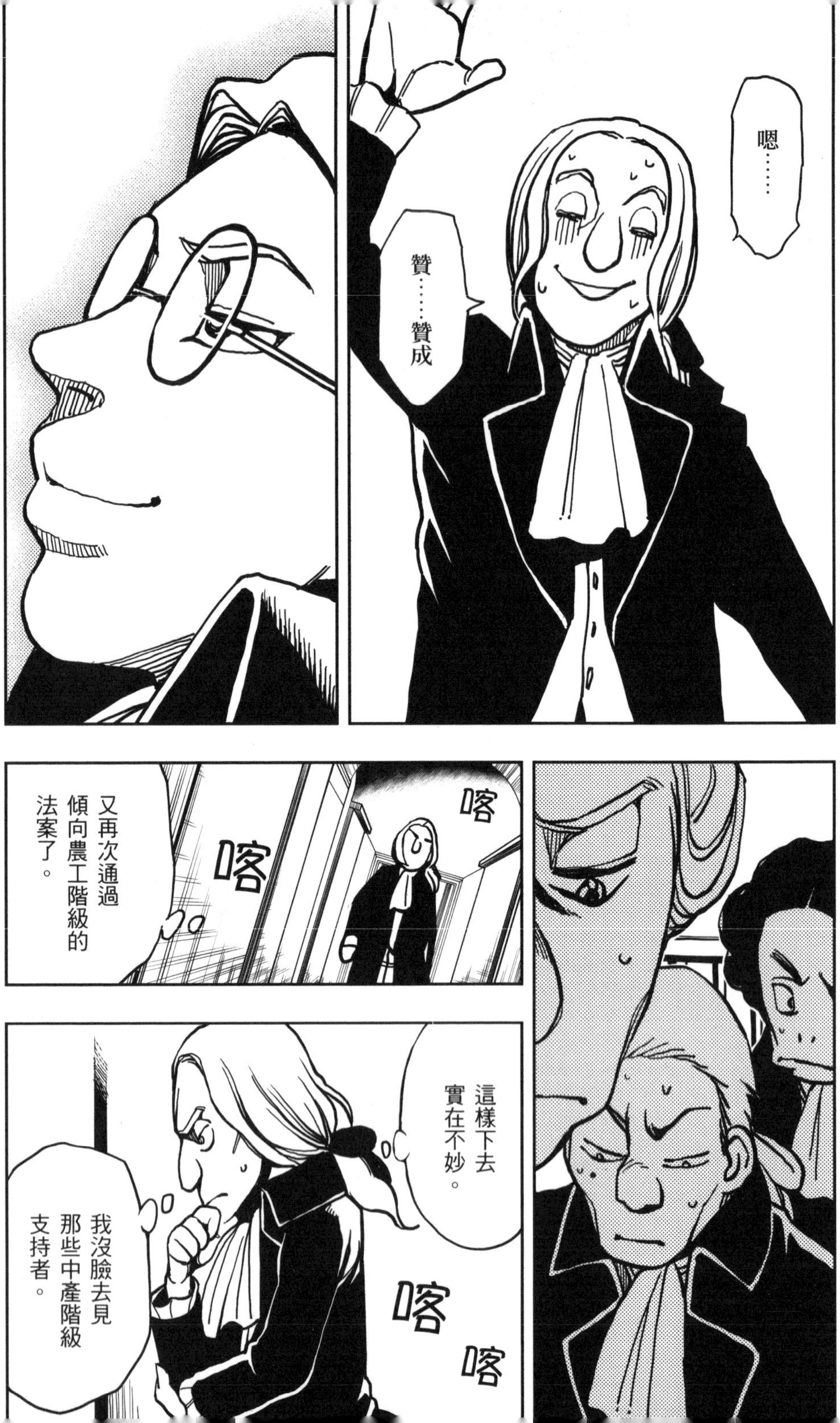
嗯……
贊……贊成
喀
喀
又再次通過傾向農工階級的法案了。
這樣下去實在不妙。
我沒臉去見那些中產階級支持者。
喀
喀

富歐、巴拉斯*，你們為何在這裡？
被下令召回巴黎來的。
你知道這背後的意義嗎？

* 法蘭西政治家約瑟夫・富歇 (Joseph Fouché) 和保羅・巴拉斯 (Paul Barras)。

與其坐以待斃，不如在他動手之前先殺了他。
跟我們合作吧，單臨安*。
你心裡同樣也上上下下、
不知何時會被推上革命法庭吧。
你的意思是要推翻羅伯斯比爾？萬一失敗的話可是會被殺頭的？

* 讓 - 蘭伯特・單臨安 (Jean-Lambert Tallien)，法蘭西政治家。

無論如何，都是死路一條吧？

現今在議會上，你的代名詞已是獨裁者、暴君和殺戮者了。
已經不只一次兩次聽到有人想暗殺你的傳聞。

* 喬治・庫東 (Georges Auguste Couthon)，法蘭西政治家。

我看你壓力很大。
沒問題吧，羅伯斯比爾？
喬治・庫東 *
暗殺我？
看來我得再多拿那些腐敗的議員來血祭才行。
聖茹斯特 *
哼
了解。

* 聖茹斯特 (Louis Antoine Léon de Saint-Just)，法國大革命的雅各賓專政時期的軍事和政治領袖之一。

那些議員為了近在眼前的將來而捨棄長遠的未來，真是愚蠢。
舉例來說，明知未來的財政會有困難，他們仍然只顧著支持者的臉色，
選擇通過保障全體國民豐厚年金制度的法案。

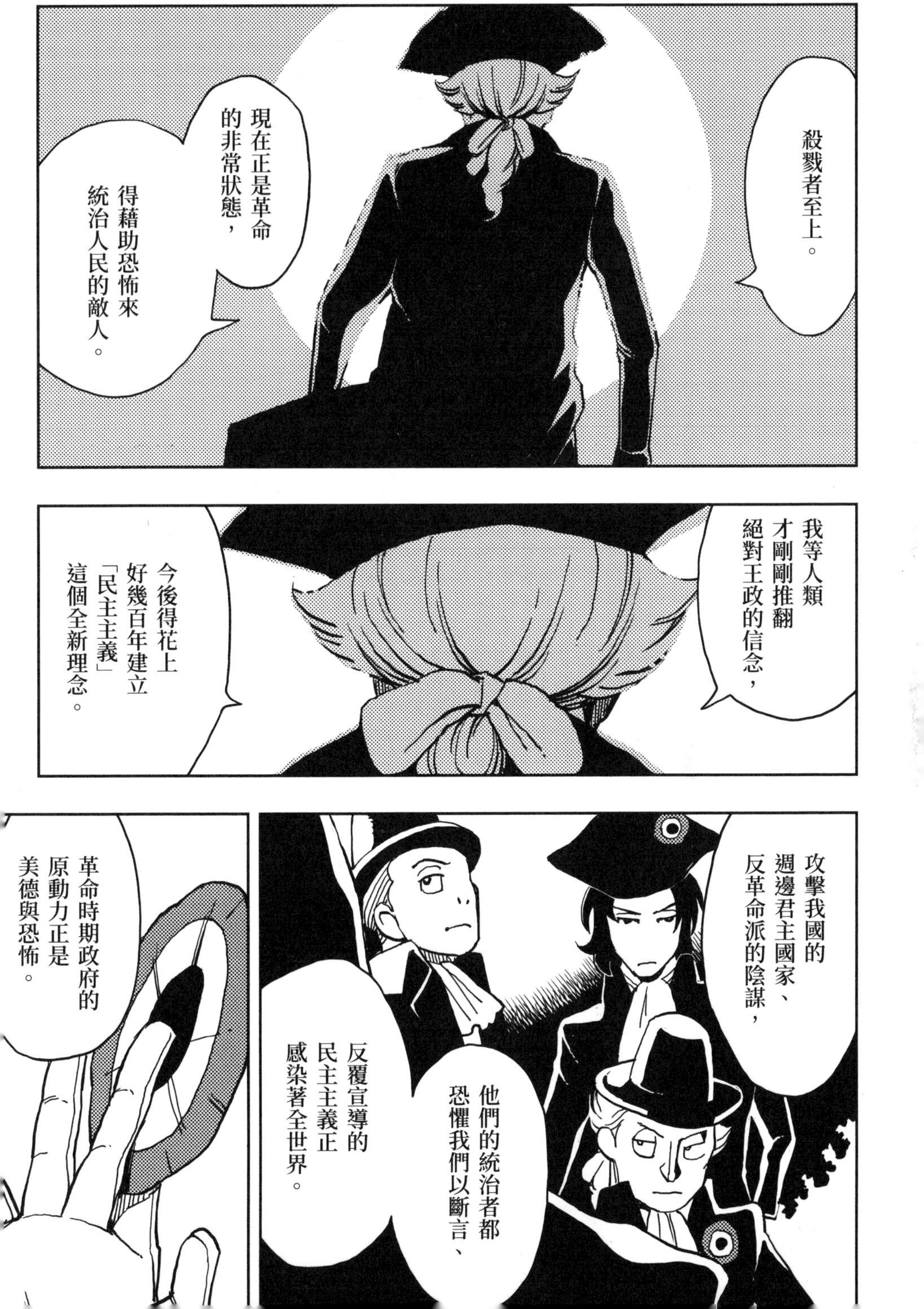
殺戮者至上。
現在正是革命的非常狀態，得藉助恐怖來統治人民的敵人。
我等人類才剛剛推翻絕對王政的信念，
今後得花上好幾百年建立「民主主義」這個全新理念。
攻擊我國的週邊君主國家、反革命派的陰謀，
他們的統治者都恐懼我們以斷言、
反覆宣導的民主主義正感染著全世界。
革命時期政府的原動力正是美德與恐怖。

沒有美德，恐怖是有害的；
沒有恐怖，美德就顯得無力！
與其接受可恥的喝采，我寧可要名譽的不滿之聲！

群眾會傾聽強烈意志者的言語。
自從認識你以來，我觀察著你的每一天。
你過著醉心於自我理想，接近猖狂的人生。
犧牲了自我的利益、家庭，連生存本能都抹殺，對理想的殉教是你唯一的報酬。
偉大的領導者便是如此才能創造出偉大的宗教或帝國。
不論到哪裡我都會與你同行。
喃喃
你說什麼嗎？
沒有。

一七九四年
七月二十七日
國民公會會場
發言者
單臨安。
單臨安……
曾是波爾多的特派委員，因有怠慢職務之嫌而被召回巴黎。
單臨安和巴拉斯、富歇，他們在打什麼主意？
聽說那些曾任特派委員的人最近常聚在一起。

議員諸君，
擴增法律便能保證自由平等，乃是一種錯覺。
以擴增名為法律的束縛來擴大權勢
以保障地位的，其實是行政官員。
換句話說，這些不是透過選舉選出來的官僚將成為國家的統治者，
習慣於束縛的人民將成為他們手中操弄的傀儡。
呃
此外，這個議會裡也有個人正束縛著我等。

羅伯斯比爾是將議會操弄成個人之物的獨裁者！
我請求逮捕獨裁者一干人等。
嘩
嘩
他在說什麼？
竟然說要逮捕將一切奉獻給革命的我？
代表國民的各位議員若不表決我的提案，
我就用這把短劍解決羅伯斯比爾！

單臨安告發了羅伯斯比爾！
嘩
嘩
嘩
嘩
決定了嗎？
各位的意向如何？
議長，
請讓我發言。
……
可惡！連議長都被收買了。
是那些腐敗議員的困獸之鬥。
議長會站在他們那邊嗎？
如何？
嘩
各位的意向如何？
嘩

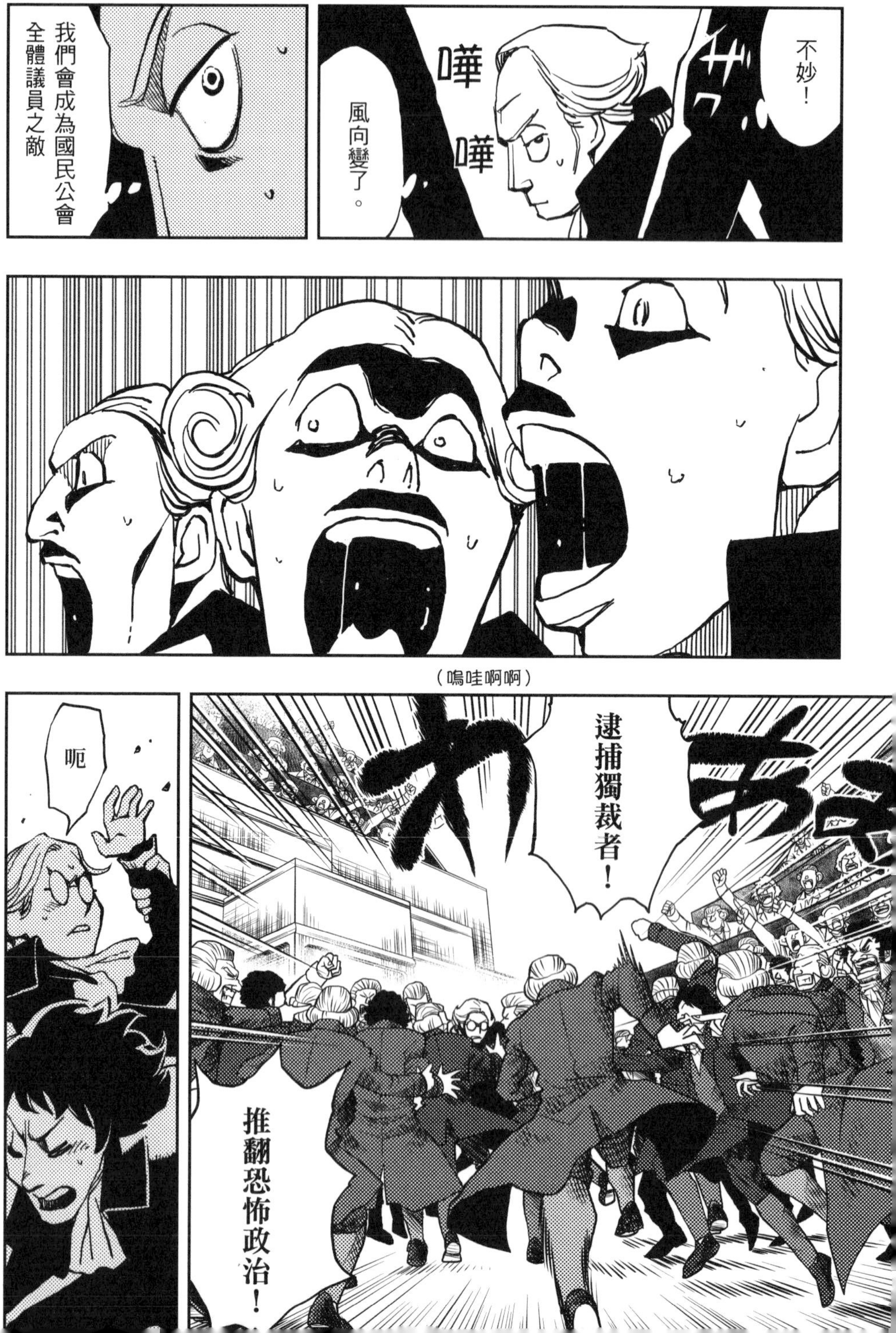
不妙！
嘩
嘩
風向變了。
我們會成為國民公會全體議員之敵
（嗚哇啊啊）
逮捕獨裁者！
推翻恐怖政治！
呃

呃啊啊啊啊啊
（嘩　嘩　嘩　嘩）
巴黎市廳
羅伯斯比爾等人雖一時被收監，但不久後又由國民衛兵營救。
ザワ
ザワ
ザワ
ザワ
國民公會已成革命之敵。

市民已在市廳前聚集。
民眾是站在我們這一邊的。
若這樣下去，祖國將會落在那些腐敗的議員手中。
羅伯斯比爾，我們得站起來！
羅伯斯比爾，
咚！
請你簽名。
這是要求市民軍向國民公會發動攻擊的命令書。
……
你得快快簽名，國民公會那邊也在調動軍隊了。

不能這麼做！
一直以來我們努力
修訂法律使其完備，
為的是什麼？
不經過議會承認便行
使武力，這就違反了
革命的理念。
事到如今你還說
這些幹嘛！
我等早就被放逐
在法律之外了！
國民公會
背叛了革命！
嘩
嘩
嘩
市民啊，
拿起你的武器來！
問題是，
我們要做什麼？
該怎麼做？
不知道啊。
嘩
至今
還沒決定吧。
嘩
他們到底何時
才要做決定!?
我們都等了半天了！

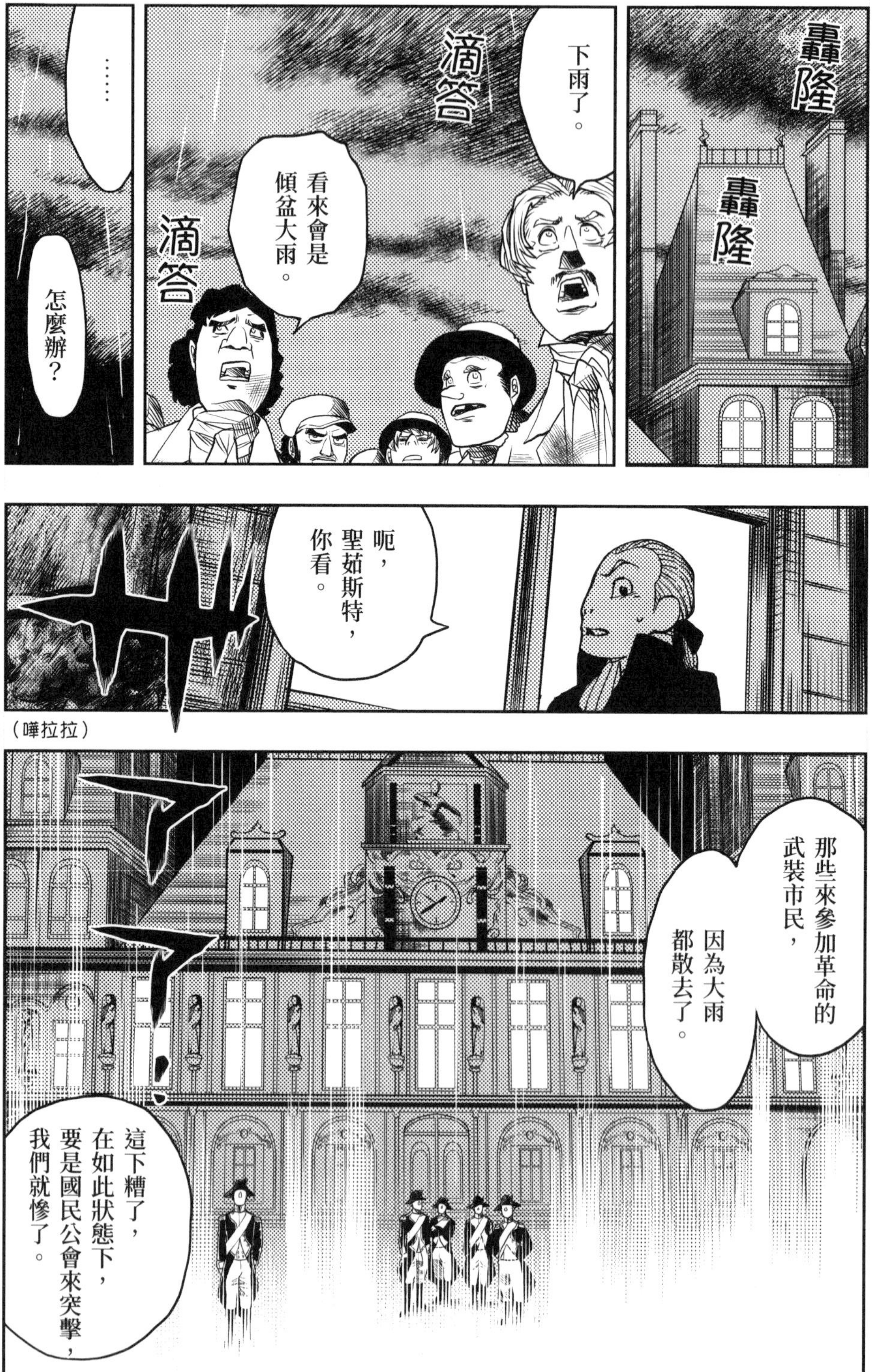

轟隆
轟隆
下雨了。
滴答
看來會是傾盆大雨。
滴答
……
怎麼辦？
呃，聖茹斯特，你看。
（嘩拉拉）
那些來參加革命的武裝市民，
因為大雨都散去了。
這下糟了，在如此狀態下，要是國民公會來突擊，我們就慘了。

推翻王政，實現共和制的那個時間點，民眾的熱情便已開始減退。
群眾的反抗之心是一時的，
熱情一淡冷卻下來，就會偏向保守。
沙 沙
國民公會的大軍到了。
（沙 沙）
再這麼下去，我們會被肅清的。快簽名吧。
別讓革命在此告終啊，羅伯斯比爾！

（咚　咚！）
どっ
！
どっ
（啪　啪）
羅伯斯比爾，
拿起槍啊！
來了！

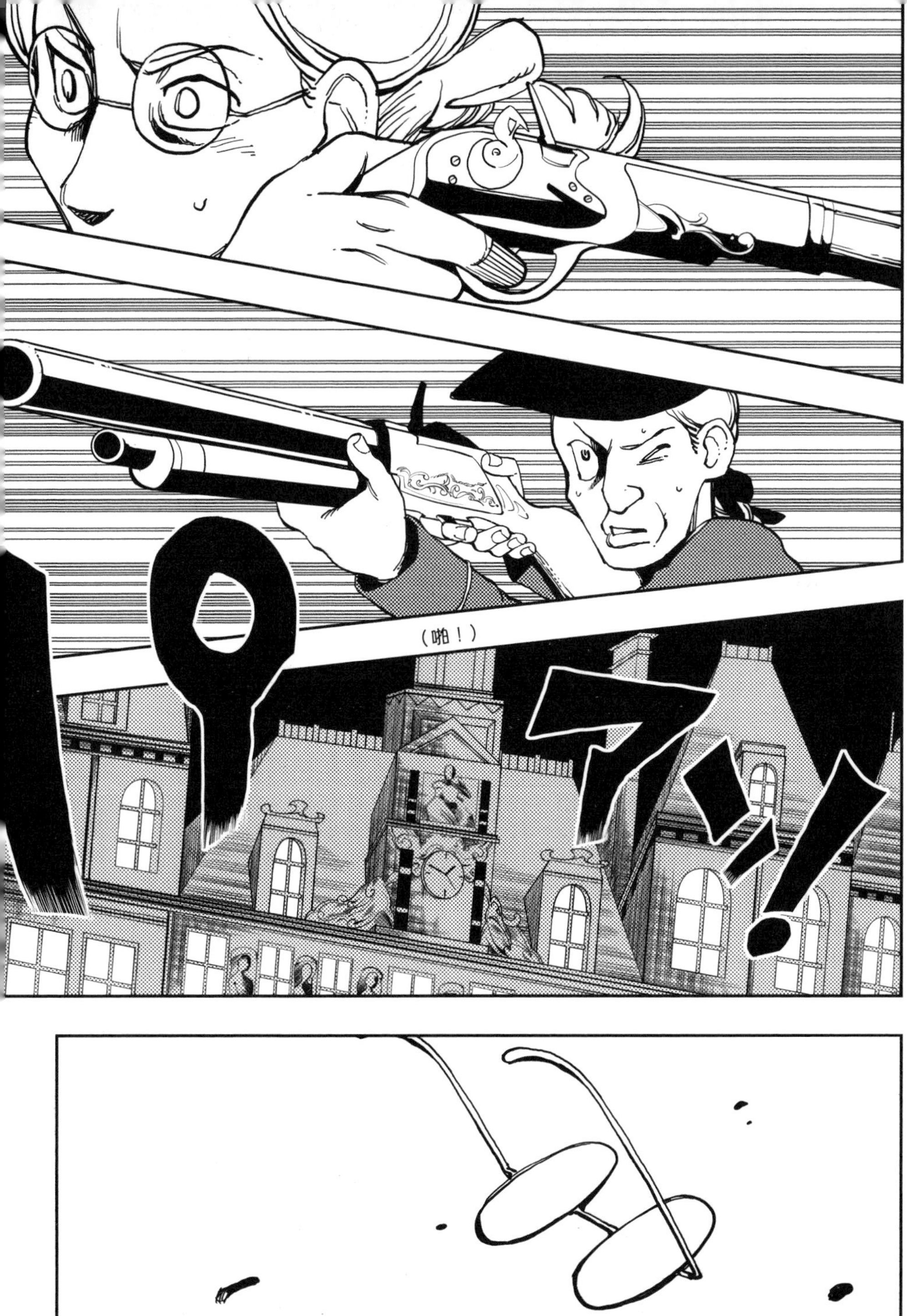
（啪！）

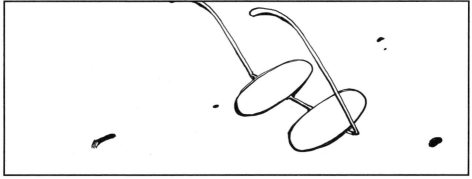

自由
嘩
平等
博愛
嘩
共和國萬歲
嘩
喀啦
喀啦
是羅伯斯比爾！
呼
嚓拉
呼

我兒子就是被你處刑的。
報應！
終於輪到羅伯斯比爾上斷頭台了！
這群怪物
殺戮者的同伴手牽著手一起去死吧！
嘩
嘩
嘩

我要看著你到最後，這個獨裁者！
倒是說幾句話呀！
哈哈，他已經被轟掉下巴了，根本無法開口，
閣下這要求也太失禮了。
渾蛋！還是一樣只會鬧成一團嘛。
市民羅伯斯比爾
我先走一步了！
聖茹斯特

一片寂靜
我身為政治家的威嚴已在議會的表決下被消滅了。
因恐怖而得手的威嚴等影響力，
終究遠遠不及佛祖、耶穌、穆罕默德等聖者與生俱來，
跨越世紀的威嚴。
呼
呼

嗚喔喔喔
自由
平等
博愛
共和國萬歲
善良的民眾啊，
你們要的不是自由，不是平等，不是博愛……
唰！
唰！
砰！

你們在王政的
支柱動搖時，
殺了國王；
哈
哈
見革命的支柱不穩，
便殺了煽動者。
抓
唰！
這塊布
真礙眼！

善良的民眾啊！
啊啊啊啊啊啊啊
下一次，你們會喜歡哪種統治者呢？
哈
哈

咔噠

喔喔
暴君羅伯斯比爾已經被處刑了！
嗚喔
喔喔
那傢伙正是恐怖政治的首謀。
從此以後，我們再也不必害怕斷頭台了，
獨裁者已經得到他應有的報應了！
（啪！）

妳就是夏洛特·羅伯斯比爾吧？

我是國民公會議員巴拉斯。
喀
喀
喀
我要求與路易十七面會！
幫我帶路。
請……請往這邊。
辛苦了。
殘存下來的王室直系血統只剩下瑪麗·泰瑞絲與路易·夏爾兩姊弟。

這兩個人是
今後在外交政策上
重要的籌碼。
特別是路易十七，
這王子可千萬不能
落到保皇派手中。
卡佩的兒子
就在這裡面。
很好，
開門吧。
嘰咿咿
嘰

默
默
好臭！這房間溼答答的，
又沒有廁所，角落裡都是糞尿積在那兒。
嘔嘔
夏爾王子為何都沒有吃飯？
是不是哪裡不舒服？
在睡覺嗎？
沙沙

小花

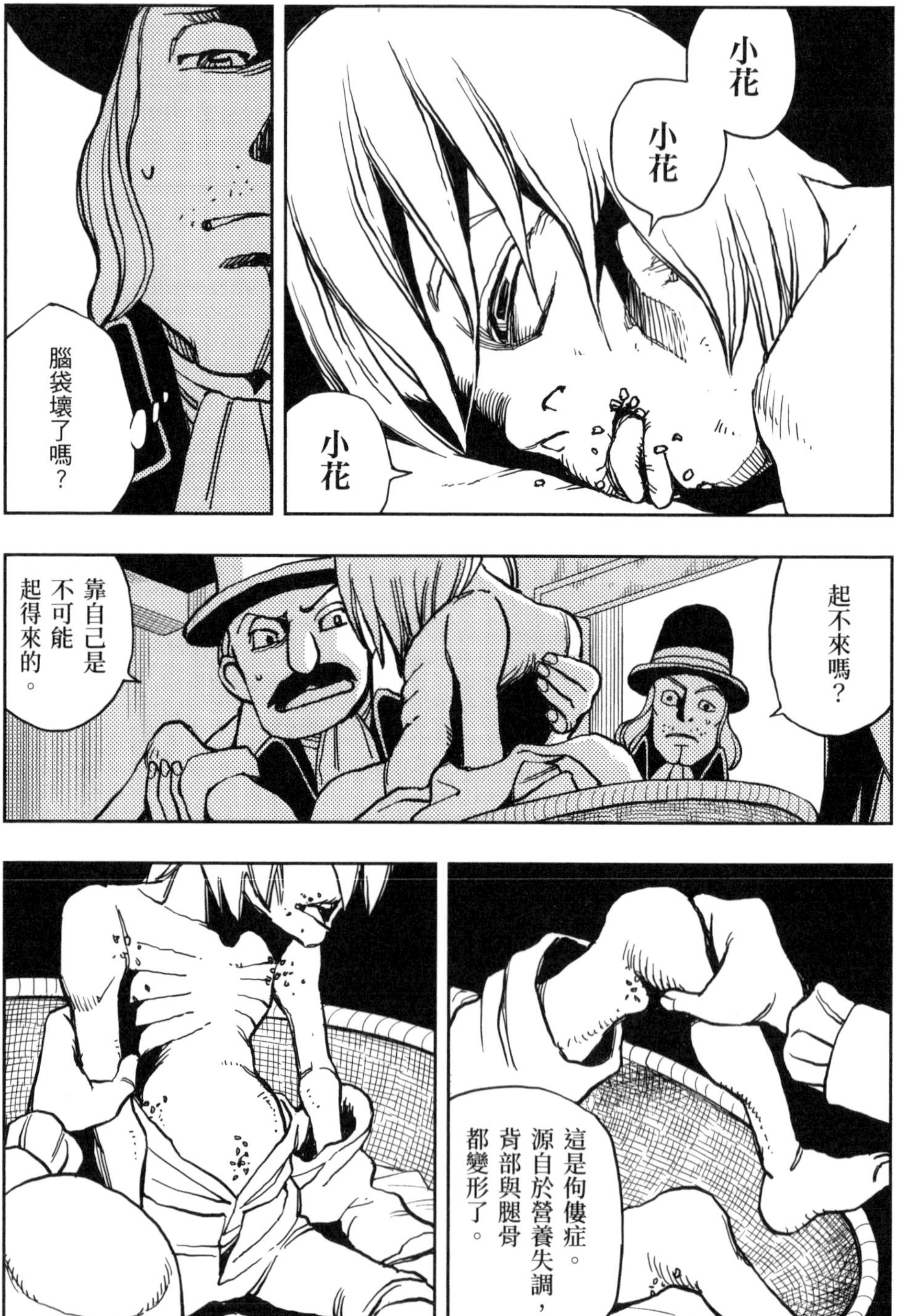
小花
小花
小花
腦袋壞了嗎？
起不來嗎？
靠自己是不可能起得來的。
這是佝僂症。源自於營養失調，背部與腿骨都變形了。

全身都被老鼠、臭蟲啃咬，滿是皮膚病，
恐怕是不行了。
看來還疑似有各種內臟疾病，
更別說在這污穢不見天日的空間裡孤獨度過兩年，
精神狀況絕對是……
自由、平等還有博愛。
哼！
這就是所謂的民意嗎？

時隔兩年，路易・夏爾
終於被移到
看得見陽光的房間內，
然而醫師對他的
病情束手無策，
最終因肺結核導致的
呼吸困難死亡。
得年十歲。
最後倖存的
瑪麗・泰瑞絲公主
被當作籌碼，
用來與
奧地利
換回法國俘虜。

新政府上台了。
嘩
嘩
嘩
拜託了，督政府。
無論你們要怎麼做，
總之快點結束這一切吧。
喀嚓
喀
隆

嘩
嘩
嘩
獨裁者的同伴一一被送上斷頭台。
嘩
嘩
但聽說還是有不少人逃跑了。
嘩
唉，討厭，真的好恐怖。
希望他們趕緊被抓到，快快處刑算了。
革命什麼的，已經讓人厭煩。

這就是所謂的恐怖時代呀，聽懂了嗎？
日本人！
喧
嘩
羅伯斯比爾這個恐怖的獨裁者最後也被砍頭了，之後雖然有新政府成立，
嘩
嘩
嘩
但事情並沒有因此告一段落。
來自外國的壓力仍未停歇，國內各地皆有暴動。
於是才有國民英雄拿破崙的登場。

拿破崙雖是最強的統治者，卻在戰爭中慘敗，即使捲土重來，但最後還是再度失勢。
之後路易十六的弟弟成為法國國王，一切又倒轉回去，
平民又再起而暴動，趕走國王，
接著則是拿破崙的姪子成為皇帝，最後卻又成外國的俘虜終告失敗，
也因此，國民遺棄了他，建造了新的共和國。
是不是一團混亂，讓人搞不清楚！
總之，為了建造一個以國民為主的國家，法國人可是吃盡了苦頭。
你的國家不也是才剛完成制憲？
還早得很呢，什麼都還沒經歷過，像個嬰兒一樣。

呵呵，原來如此。
這就是法國革命至今為止的一百年間，
執政者有時是左派有時是右派、時代激烈變動的緣由啊。
你還真是什麼都不知道呢，
明明是個知識份子。
哈哈哈
那好，為了挽救世間知識份子的名譽，我出個問題考考你。
法國革命當時的英國學者稱呼
相信君主絕對權利的人為「石頭」，
那麼，他們又怎麼稱呼那些相信國民有絕對權利的人呢？
……
民主主義者吧。

是新品種的石頭。
咦？
再見——
創造出
具有獨特制度、
信念、藝術的
新文明。
因一致的理想
而團結的民族、

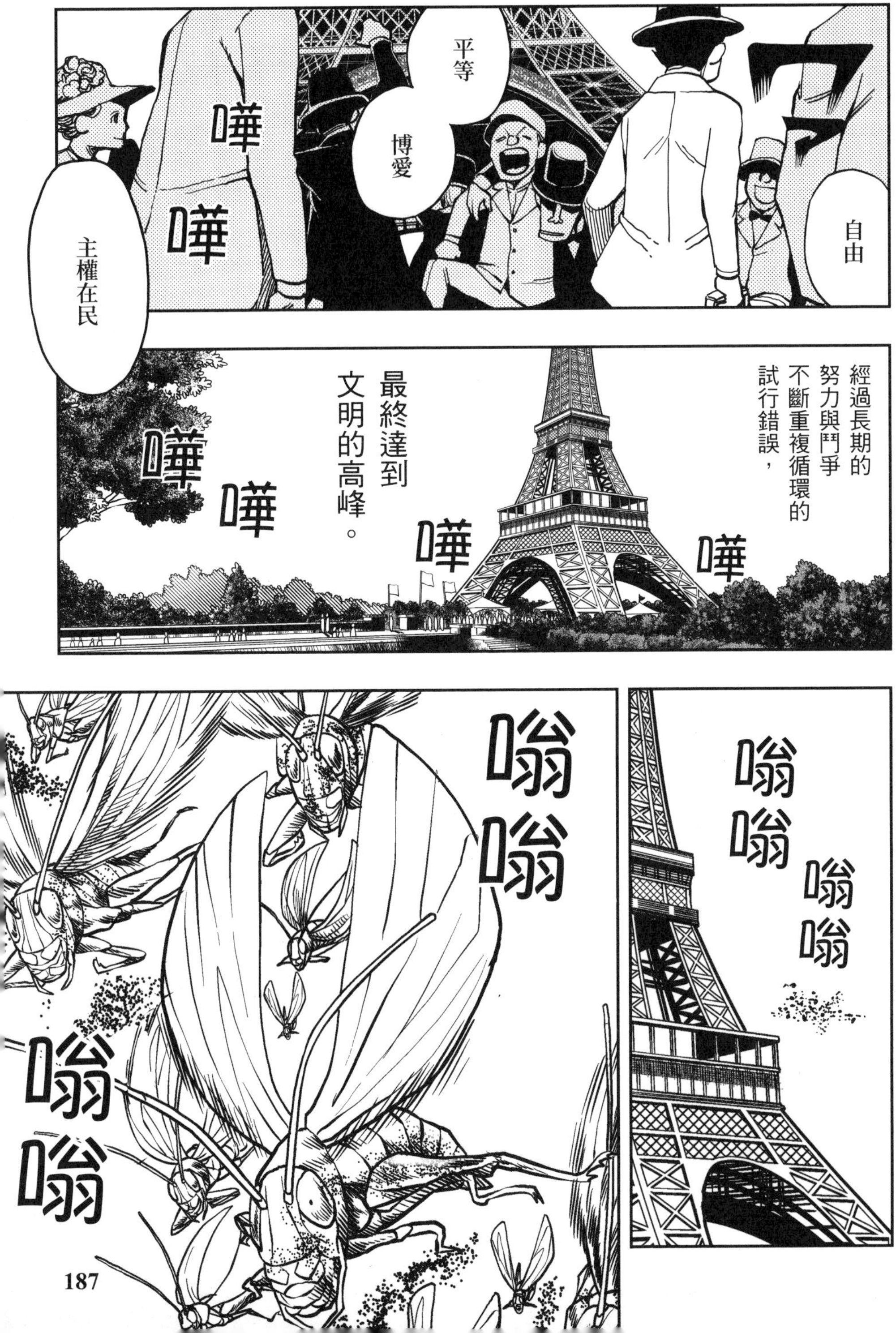

自由
平等
博愛
主權在民
嘩
嘩
經過長期的努力與鬥爭不斷重複循環的試行錯誤，
最終達到文明的高峰。
嘩
嘩
嘩
嘩
嗡嗡
嗡嗡
嗡嗡
嗡嗡

然而，高峰也意味著
衰退的開始。
啃
我們的時代
美好的時代
啃
啃
啃
啃
民主主義萬歲
啃
啃

嘩
嘩
共和國長存！

(嗡嗡嗡嗡)
共和國萬歲！
民主主義萬歲！
資本主義萬歲！

群眾心理

為何進入群體後，人們的智商就大幅降低？

原著 ———— 古斯塔夫．勒龐
作者 ———— Team バンミカス
譯者 ———— 王淑儀
執行長 ——— 陳蕙慧
總編輯 ——— 郭昕詠
編輯 ———— 徐昉驊、陳柔君
行銷總監 —— 李逸文
行銷經理 —— 尹子麟
資深行銷
企劃主任 —— 張元慧
排版 ———— 簡單瑛設

社長 ———— 郭重興
發行人兼
出版總監 —— 曾大福
出版者 ——— 遠足文化事業股份有限公司
地址 ———— 231 新北市新店區民權路 108-2 號 9 樓
電話 ————(02)2218-1417
傳真 ————(02)2218-1142
E-mail ——— service@bookrep.com.tw
郵撥帳號 —— 19504465
客服專線 —— 0800-221-029
Facebook —— https://www.facebook.com/WalkersCulturalNo.1
網址 ———— http://www.bookrep.com.tw
法律顧問 —— 華洋法律事務所 蘇文生律師
印製 ———— 呈靖彩藝有限公司

初版一刷 2019 年 8 月
初版五刷 2021 年 3 月
Printed in Taiwan
有著作權 侵害必究

©2018 Team Banmikas
First published in Japan in 2018 by Kodansha Ltd., Tokyo.
Publication rights for this Complex Chinese edition arranged through Kodansha Ltd., Tokyo.

特別聲明：有關本書中的言論內容，不代表本公司 / 出版集團之立場與意見，文責由作者自行承擔